Memory – Gedächtnistraining und Konzentrations-techniken

Roland R. Geisselhart
Christiane Hofmann

4. Auflage

Haufe

Bibliografische Information der deutschen Bibliothek
Die Deutsche Bibliothek verzeichnet diese Publikation in der Deutschen Nationalbibliografie; detaillierte bibliografische Daten sind im Internet über http://dnb.ddb.de abrufbar.

ISBN 3-448-07449-7
ab 1.1.2007: 978-3-448-07449-9
Bestell-Nr. 00681-0004

1. Auflage 1999 (ISBN 3-86027-240-3)
2., aktualisierte Auflage 2002 (ISBN 3-448-05128-4)
3., durchgesehene Auflage 2005 (ISBN 3-448-06631-1)
4., überarbeitete Auflage 2006

Postanschrift: Postfach, 82142 Planegg
Hausanschrift: Fraunhoferstraße 5, 82152 Planegg
Fon (0 89) 8 95 17-0, Fax (0 89) 8 95 17-2 50
E-Mail: online@haufe.de
Internet: www.haufe.de
Lektorat: Dr. Ilonka Kunow
Redaktion: Jürgen Fischer
Redaktionsassistenz: Christine Rüber

Satz + Layout: S6-media GmbH, 82166 Gräfelfing
Umschlaggestaltung: Agentur Buttgereit & Heidenreich, 45721 Haltern am See
Druck: freiburger graphische betriebe, 79108 Freiburg

Zur Herstellung der Bücher wird nur alterungsbeständiges Papier verwendet.

TaschenGuides – alles, was Sie wissen müssen

Für alle, die wenig Zeit haben und erfahren wollen, worauf es ankommt. Für Einsteiger und für Profis, die ihre Kenntnisse rasch auffrischen wollen.

Sie sparen Zeit und können das Wissen effizient umsetzen:

Kompetente Autoren erklären jedes Thema aktuell, leicht verständlich und praxisnah.

In der Gliederung finden Sie die wichtigsten Fragen und Probleme aus der Praxis.

Das übersichtliche Layout ermöglicht es Ihnen sich rasch zu orientieren.

Anleitungen „Schritt für Schritt", Checklisten und hilfreiche Tipps bieten Ihnen das nötige Werkzeug für Ihre Arbeit.

Als Schnelleinstieg die geeignete Arbeitsbasis für Gruppen in Organisationen und Betrieben.

Ihre Meinung interessiert uns! Unter online@haufe.de können Sie an die TaschenGuide-Redaktion mailen. Wir freuen uns auf Ihre Anregungen.

Inhalt

Vorwort

Pauken, Büffeln oder stures Auswendiglernen haben heutzutage ausgedient. Dennoch: Ein gutes Gedächtnis und die Fähigkeit, sich auf wichtige Aufgaben zu konzentrieren, sind im Berufsleben unverzichtbare Eigenschaften.

Mit der Geisselhart-Methode können Sie innerhalb kurzer Zeit Ihre Merkfähigkeit und Konzentration spielerisch ausbauen und zu Höchstleistungen steigern. Damit schaffen Sie wichtige Grundlagen für jegliche Art von Erfolg, beruflich wie privat.

In diesem TaschenGuide werden die einzelnen Schritte zum verlässlichen Gedächtnis sowie wichtige Konzentrationstechniken anschaulich dargestellt. Schon nach wenigen Seiten werden Sie die ersten Erfolge verbuchen: Sie vergessen keine Namen mehr und können sich Termine leichter merken. Einzige Voraussetzung: Sie investieren etwas Zeit in die Übungen! Sie werden sich wundern, wie deutlich Sie Ihre Kapazitäten erweitern können und in wie vielen Bereichen Ihres Lebens Sie davon profitieren werden!

Roland Geisselhart und Christiane Burkart

Die ersten Schritte zum perfekten Gedächtnis

Wie gut ist Ihr Gedächtnis?

Haben Sie schon einmal mit Kindern Memory gespielt? Dann waren Sie sicher ziemlich erstaunt darüber, wie gut und selbstverständlich die Kleinen sich die Positionen der verschiedenen Bildkärtchen merken können.

Und ist Ihnen schon einmal jemand begegnet, an dessen Namen Sie sich beim besten Willen nicht erinnern konnten, obwohl Sie genau wussten, dass es wichtig gewesen wäre, sich zu erinnern?

Stellen Sie sich vor, dass Ihr Gedächtnis schon in wenigen Tagen mindestens doppelt so gut funktioniert wie heute – und das ohne lästige Paukerei und Stress! Es gibt nicht von vornherein das „gute" oder das „schlechte" Gedächtnis. Ihr Gehirn arbeitet wie ein Muskel: Je mehr es gefordert und gefördert wird, umso mehr kann es auch leisten. Und diese Leistungsfähigkeit werden wir nun gemeinsam Schritt für Schritt wachrufen und gezielt ausbauen.

Übung: Testen Sie Ihre Merkfähigkeit

Lassen Sie uns zunächst testen, wie gut Ihr Gedächtnis im Augenblick tatsächlich ist. Versuchen Sie sich die folgenden zehn Posten einer Einkaufsliste einzuprägen. Lesen Sie die Liste zweimal aufmerksam durch und dann schlagen Sie das Buch zu und notieren die Posten, an die Sie sich noch erinnern können.

- Fischstäbchen
- Toilettenpapier
- Zitronenlimonade
- Zahnpasta
- Streichkäse
- Äpfel
- Feldsalat
- Mayonnaise
- Butter
- Eier

Seien Sie nicht allzu enttäuscht, wenn Sie nicht mehr alle zehn Artikel wissen – im Normalfall merken wir uns ohne größeren Aufwand gerade einmal sieben bis acht Punkte. Wir werden Ihnen an späterer Stelle noch zeigen, wie Sie sich auch diese Liste spielend einprägen und souverän wiedergeben können.

Bitte üben Sie!

Sie werden sich vielleicht wundern, warum wir Ihnen hier eine banale Einkaufsliste präsentieren. Das liegt daran, dass sie sich in zahlreichen Seminaren als Beispiel zum Einstieg in unser Gedächtnistraining bestens bewährt hat. Hier lässt sich leicht und überzeugend demonstrieren, wie schnell Sie mit unserer Methode deutliche Fortschritte erreichen können!

Die einfachen Techniken, die wir Ihnen hier aufzeigen, werden schon bald auf komplexere Inhalte übertragen und die Anforderungen werden sich spielend und fast unmerklich steigern. Deshalb bitten wir Sie: Investieren Sie die Zeit und bearbeiten Sie die Übungen regelmäßig, die wir Ihnen präsentieren. Nur so erkennen Sie Ihre Fortschritte!

Warum Gedächtnistraining?

Mit einer einfachen Einkaufsliste fängt also dieses Gedächtnistraining an und auch die weiteren Umsetzungsmöglichkeiten werden sich am praktischen Nutzen für Ihren Alltag orientieren. Wohin konsequentes Üben letztendlich führen kann, zeigt Ihnen das folgende Beispiel.

Ein erfolgreiches Beispiel

Einer meiner Bekannten besuchte vor Jahren meine Gedächtnis-Seminare als Schüler. Später unterrichtete er in seiner Freizeit selbst Jugendliche in Gedächtnistechniken. Vor einiger Zeit wurde er nun von einem Freund gebeten, ihm bei der Vorbereitung zur Prüfung für den „Industriemeister Metall" zu helfen. Mein Bekannter, selbst als einfacher Werkzeugmacher angestellt, stimmte zu und ließ sich dann sogar überreden, sich ebenfalls zu dieser Prüfung anzumelden. Durch sein optimal geschultes Gedächtnis gelang es ihm, die Prüfung innerhalb kürzester Vorbereitungszeit von nur drei Monaten und ohne die geringste externe Schulung sogar mit Auszeichnung zu bestehen!

Was möchten Sie mit Ihrem Gedächtnistraining erreichen?

In welchen Bereichen Ihres Lebens möchten Sie Ihre Merkfähigkeit gerne verbessern?

Mit einem trainierten Gedächtnis können Sie

- sich eine Einkaufs- oder Erledigungsliste einprägen,
- sich eine neue Sprache erschließen,
- sich Namen und Gesichter von wichtigen Personen dauerhaft merken,
- sich Ihre Termine zuverlässig merken,
- Verkaufsargumente abrufsicher einspeichern,
- ein wichtiges Gespräch vorbereiten und erfolgreich durchführen,
- wichtige Punkte aus einem Vortrag, Film oder Manuskript zuverlässig speichern,
- Skizzen, Zeichnungen oder Pläne schneller verstehen und länger im Kopf behalten,
- im Verkaufsgespräch immer sofort auf die wichtigsten, schlagfertigsten Argumente beziehen,
- einen Tages- oder Wochenplan im Kopf erstellen und nachvollziehen,
- eine freie Rede ohne Manuskript halten,
- die wichtigen Informationen aus Ihrem Alltagsgeschehen schneller, konkreter und effektiver für sich herausfiltern.

Ein zuverlässiges Gedächtnis ist eine wichtige Voraussetzung für beruflichen Erfolg.

Wie Sie mit diesem Buch arbeiten können

Wir werden den Schwierigkeitsgrad unserer Übungen langsam steigern und vom Konkreten zum Abstrakten, vom Leichten zum Schweren, von der Theorie zur Praxis entwickeln. Dabei werden die wichtigsten Grundschritte des folgenden Modells dargestellt und mit zahlreichen Beispielen und Übungen genau erläutert. Noch einmal unser Rat: Arbeiten Sie bitte von Anfang an mit!

Wenn Sie möchten, legen Sie sich ein Arbeitstagebuch zu (das kann ein einfaches Schulheft sein), in dem Sie Ihre Übungen schriftlich machen oder eigene Erkenntnisse, Fortschritte oder weiterführende Ideen notieren. Hier können Sie auch unsere Anregungen auf Ihre Bedürfnisse übertragen: Sie halten z. B. wichtige Punkte fest, die Sie sich in Ihrem Arbeitsalltag einprägen wollen, Sie füllen sozusagen unseren Übungsvorschlag mit Ihrem eigenen Material. Das erhöht sicherlich den Anreiz die vorgestellten Techniken konkret einzusetzen, da sich ja ein spezifischer Nutzen für Sie ergibt.

Ihrer Phantasie in der praktischen Umsetzung sind hier keine Grenzen gesetzt, und je mehr Sie üben, umso größer werden natürlich die Erfolge sein!

Die Stufen zum perfekten Gedächtnis

Die verschiedenen Stufen und Schwierigkeitsgrade der Geisselhart-Methode bauen systematisch aufeinander auf:

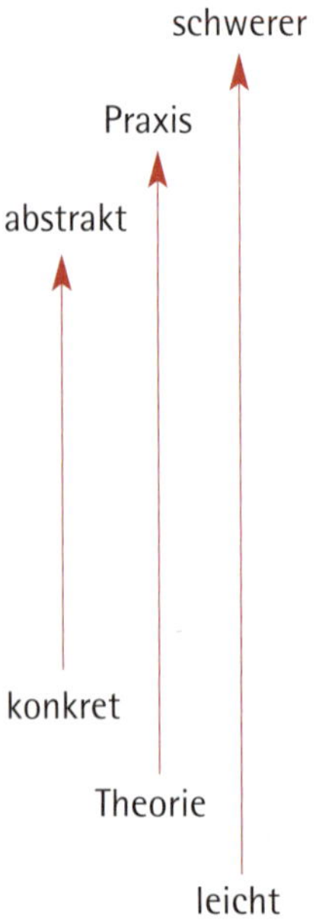

10 ganze Bücher eines Fachgebiets

9 Vokabeln (zunehmend mehr)

8 Formeln (nahezu unbegrenzte Menge)

7 beliebig viele abstrakte Fakten

6 freie Rede und Argumente

5 Zahlen und Fakten, Gesetzestexte und Tabellen

4 Namen und Gesichter

3 Sätze (vorwärts und rückwärts)

2 Wörter (bis zu 50 Stück, per Reihenfolge)

1 Bilder und Bilderketten

■ *Je konsequenter Sie die vorgeschlagenen Übungen machen, umso schneller werden sich Ihre ersten Erfolge einstellen! Deshalb bleiben Sie dran: Übung macht den Meister!* ■

Die Merkfähigkeit steigern

Der erste Schritt: Begriffe mit Bildern verbinden

Erinnern Sie sich noch an die Rudi-Carrell-Show? Stellen Sie sich vor, Sie sind der Kandidat, der am Ende der Sendung am laufenden Band sitzt und sich die Preise merken soll.

Übung: „Am laufenden Band"

Prägen Sie sich bitte die folgenden „vorüberziehenden" Gegenstände ein. Lesen Sie die Liste zwei- oder dreimal gründlich durch und versuchen Sie sich dabei so viele Punkte wie möglich zu merken:

- Elektroherd
- Inline-Skates
- Modellkleid
- Stereoanlage
- Schlauchboot
- Basketballkorb
- Spanisch-Wörterbuch
- Miniatur-Oldtimer
- Bettwäschegarnitur
- zwei Barhocker
- Speiseservice
- Musical-Eintrittskarten

Auch hier werden Sie es mit den herkömmlichen Methoden wahrscheinlich nur auf etwa acht oder neun Punkte bringen. Wir zeigen Ihnen nun, wie Sie sich ganz leicht alle Gegenstände dauerhaft einprägen können: Indem Sie nämlich Ihr bildhaftes Vorstellungsvermögen einsetzen. Das heißt, Sie verknüpfen das, was Sie sich merken wollen, zu einer lustigen kleinen Bildergeschichte. Diese Vorstellungen dürfen lebhaft und sogar ein wenig absurd sein.

■ *Je außergewöhnlicher Ihre inneren Bilder sind, umso leichter werden Sie sich später an alles erinnern!* ■

Unser Vorschlag für die Bildergeschichte

Die Gegenstände auf dem Fließband könnten Sie sich z. B. folgendermaßen einprägen:

Sie öffnen den **Elektroherd** und aus der Klappe rollt, wie von Geisterhand bewegt, ein Paar **Inline-Skates** heraus und überfährt mit quietschenden Rädern das **Modellkleid.** In diesem Moment schaltet sich aus Protest die **Stereoanlage** ein und spielt das Lied vom „knallroten Gummiboot", das dann auch prompt vorbeifährt. In diesem **Schlauchboot** steht ein ziemlich hoher **Basketballkorb,** in den Sie nun gekonnt das **Spanisch-Wörterbuch** hineinwerfen. Es fällt durch die Maschen und genau in den darunter stehenden **Miniatur-Oldtimer,** der sofort davonbraust, sich aber in der **Bettwäsche** verfängt, die auf der Leine zum Trocknen aufgehängt ist. Beim Bremsen purzeln die **beiden Barhocker** aus dem Auto, weil sie nicht angeschnallt waren, und vor lauter Zorn fangen sie an, das Auto mit dem Geschirr **(Speiseservice)** zu bewerfen. Sie hören erst damit auf, als ihnen der Oldtimer zur Versöhnung mit den **Eintrittskarten** winkt . . .

Wenn Sie diese kleine bildhafte Phantasiegeschichte konzentriert vor Ihrem inneren Auge mitverfolgt haben, brauchen Sie jetzt nur an den ersten Begriff zu denken („Elektroherd") – und sofort werden Ihnen die anderen Gegenstände auch wieder einfallen. Versuchen Sie es einmal!

Warum konnten Sie sich diese Reihe nun viel leichter merken?

Dafür gibt es eine ganze Reihe von Gründen. Grundsätzlich gelten folgende Kriterien:

- Konkretes lässt sich leichter einprägen als Abstraktes,
- Absurdes, Lustiges leichter als Banales und Alltägliches,
- Bewegtes, Lebendiges leichter als Unbewegliches,
- Buntes leichter als Farbloses,
- Lautes leichter als Leises.

Deshalb dürfen und sollen Sie sogar die tatsächlichen Gegebenheiten in Ihrer Phantasie übertreiben – je mehr Sie übertreiben, umso besser werden Sie alles im Gedächtnis behalten können!

Übung: Wortpaare einprägen

Nun sind Sie an der Reihe! Lassen Sie anhand dieser Kriterien selbst kleine Szenen entstehen und prägen Sie sich die zusammengehörigen Wortpaare ein. Versuchen Sie die Begriffe auf möglichst originelle Art zu verknüpfen. Nehmen Sie sich dafür maximal zwei Minuten Zeit.

- Besen und Tal
- Schreibmaschine und Butter
- Kirsche und Matrose
- Uhr und Papier
- Fußball und Baum

Ihre Phantasie hat hier freien Spielraum; keine Idee kann zu absurd, zu ausgefallen sein, um nicht ihren Zweck zu erfüllen! Jonglieren Sie mit Ihren Vorstellungen, kreieren Sie Neues, Ungewöhnliches. Was Sie hier tun, geht über das rein „fotografische" Gedächtnis hinaus. Sie betätigen sich gewissermaßen als Regisseur eines inneren Films, den Sie nach Herzenslust ausgestalten dürfen.

Testen Sie nun, wie viele Wortpaare Sie noch richtig in Erinnerung haben, indem Sie den jeweils fehlenden Begriff ergänzen:

Papier – ____________________

Besen – ____________________

Fußball – ____________________

Butter – ____________________

Kirsche – ____________________

Haben Sie alle fünf Paare richtig gewusst? Dann dürfen Sie sich jetzt an den folgenden Dreiergruppen versuchen.

Übung: Dreiergruppen

Verknüpfen Sie die folgenden Wortgruppen (jede Dreiergruppe für sich) zu kleinen Handlungsketten. Dafür sollten Ihnen drei bis vier Minuten reichen.

- Rasenmäher – Terminkalender – Federbett
- Tintenpatrone – Kleiderbügel – Schreibmaschine
- Teppichboden – Telefon – Diaprojektor
- Laserdrucker – Hängematte – Autowerkstatt
- Eimer – Zahnpasta – Krokodil

Die erste Verknüpfung geben wir Ihnen noch einmal vor, den Rest überlassen wir Ihrer Phantasie.

Beispiel

Unser Vorschlag für eine Handlungskette:

Sie fahren mit dem **Rasenmäher** durch den Garten, als plötzlich Ihr **Terminkalender** in Übergröße durch die Luft schwebt und Ihnen die Sicht auf die Wiese nimmt. Sie stolpern und fallen auf den Rasenmäher, der sich in diesem Moment in ein riesiges kuscheliges **Federbett** verwandelt …

Machen Sie die weiteren Begriffskopplungen nun selbst und überprüfen Sie anschließend, ob Sie diese Dreiergruppen auch wieder korrekt abrufen können!

Tipps und Tricks zum Üben

Wenn Sie sich in Ihrer Phantasie einen inneren Film gestalten, dann denken Sie dabei an die folgenden Ratschläge:

- Bringen Sie so viel Bewegung wie möglich in Ihre Bilder hinein; lassen Sie Ihre Gegenstände handeln!

- Oftmals ist es hilfreich, wenn auch Sie selbst eine „Rolle" in Ihrem inneren Film spielen!
- Sie dürfen Größe und Form der Gegenstände übertreiben, ebenso die Anzahl oder Menge.
- Vergessen Sie die „Logik"! In Ihrer Phantasie können die Dinge ungewöhnlich handeln und völlig neue Funktionen erfüllen. Stellen Sie sich ruhig auch absurde Situationen vor!
- Gestalten Sie den inneren Film mit klaren, bunten Farben, und versuchen Sie, die Handlungsabläufe so plastisch und lebendig wie möglich vor Ihrem inneren Auge entstehen zu lassen!

Wir zeigen Ihnen nun anhand verschiedener Verknüpfungen eines Wortpaares, wie Sie diese Tipps in die Praxis umsetzen können. Nehmen wir an, Sie wollen sich die folgenden zwei Begriffe merken: „Lokführer und Lineal"

Beispiel

Bewegung
Der Lokführer will im Bericht etwas unterstreichen, doch das Lineal rennt ihm blitzschnell davon.

Sie spielen mit!
Sie fragen den Lokführer gerade nach der Abfahrtszeit, als plötzlich ein großes Lineal durch die Luft fliegt und haarscharf an Ihrer Nase vorbeisaust.

Anzahl, Form
Der Lokführer hat die Taschen seines Arbeitsoveralls vollgestopft mit unzähligen krummgebogenen Linealen.

Absurdität
Der Lokführer hat Pause und spielt mit seinem mannsgroßen Lineal eine Partie Schach.

Farbe, klare, plastische Handlung
Der Lokführer im azurblauen Arbeitsoverall und sein knallrotes Lineal gehen Hand in Hand wie ein Liebespaar über eine leuchtend grüne Wiese spazieren.

Mit diesen Anregungen können Sie sich immer mehr Punkte immer leichter einprägen! Versuchen Sie es gleich einmal mit den folgenden Begriffen.

Übung: Vier Begriffe verbinden

Prägen Sie sich (in maximal fünf Minuten) diese Vierergruppen ein:

- Projektleiter – Büroklammer – Schreibtisch – Fahrstuhl
- Tonerde – Parmesan – Filzstifte – Türklinke
- Briefumschlag – Gärtner – Tretroller – Tischtennisball
- Rose – Buch – Fenster – Armband
- Foto – Diskette – Seife – Gürtel
- Faxgerät – Nagellack – Steuerfahnder – Weisheitszahn

Sicherlich stellen Sie inzwischen schon fest, dass Ihnen diese Art des kreativen Bilderdenkens immer vertrauter wird, dass sich die kleinen Szenen und Geschehnisse fast schon wie von selbst in Ihrer Phantasie einfinden.

■ *Denken Sie daran: In Ihrer Phantasie ist alles erlaubt, alles möglich!* ■

Für den Anfang geben wir Ihnen noch einmal ein wenig Hilfestellung:

Beispiel

Der **Projektleiter** tanzt mit einer riesigen silberglänzenden **Büroklammer** im Büro herum. Plötzlich packt sie ihn, steckt ihn unter lautem Gejohle in die **Schreibtisch**schublade und schiebt diesen samt Projektleiter in den **Fahrstuhl** …

Kreieren Sie nun auf Ihrer inneren Leinwand mit den weiteren Wortgruppen ähnlich kuriose Szenen und stellen Sie sich jede kleinste Handlung so deutlich und lebendig wie möglich vor! Lassen Sie sich dabei nicht zu sehr von unseren Ideen beeinflussen.

■ *Ihre eigene Phantasie ist der Maßstab für Ihre inneren Filme!* ■

Überprüfen Sie anschließend, ob Sie die Vierergruppen tatsächlich exakt wiedergeben können: Notieren Sie den jeweils ersten Begriff in Ihr Arbeitsheft (Projektleiter – Tonerde – Briefumschlag – Rose – Foto – Faxgerät) und dann ergänzen Sie die fehlenden Wörter, natürlich ohne dabei ins Buch zu schauen.

Üben Sie im Alltag!

In Ihrem Alltag gibt es sicherlich so manche Gelegenheit, kleine Gedächtnisübungen einzuflechten und sich fast beiläufig wichtige Dinge einzuprägen, statt sie wie gewohnt aufzuschreiben. Das können z. B. Einkaufs- oder Erledigungslisten sein, Besorgungen oder Termine und vieles mehr. Wir werden Ihnen im folgenden Kapitel zeigen, wie Sie sich von den Wortgruppen auf längere Listen steigern können.

Der zweite Schritt: Sich längere Listen einprägen

Sie haben die vorige Übung zu Ihrer Zufriedenheit bewältigt – jetzt versuchen Sie als Nächstes, eine Verbindung zwischen den einzelnen Wortgruppen herzustellen, indem Sie einfach alle Begriffe „hintereinanderschalten".

Übung: 24 Begriffe behalten

Sie verknüpfen zusätzlich Fahrstuhl mit Tonerde, Türklinke mit Briefumschlag, Tischtennisball mit Rose und so weiter. Auf diese Art erhalten Sie eine lange Kette von phantasievoll miteinander verbundenen Begriffen – die Sie sicherlich auch in der richtigen Reihenfolge wiedergeben können!

Kreieren Sie also nun in Ihrer Vorstellung die noch fehlenden Kettenglieder:

- Fahrstuhl – Tonerde
- Türklinke – Briefumschlag
- Tischtennisball – Rose
- Armband – Foto
- Gürtel – Faxgerät

Und dann versuchen Sie es einfach: Da war anfangs der Projektleiter, die Büroklammer, der Schreibtisch . . .

Wenn Sie an dieser Stelle alle sechs Wortgruppen komplett aufzählen können, dann dürfen Sie wirklich stolz auf sich sein: Sie haben sich bereits 24 Begriffe zuverlässig eingeprägt!

Übung: Noch mal die Einkaufsliste

Und nun ist auch die anfangs präsentierte Einkaufsliste sicherlich kein Problem mehr für Sie. Verknüpfen Sie zum Spaß noch einmal die folgenden Posten in einer kreativen Handlungskette:

Fischstäbchen – Toilettenpapier – Zitronenlimonade – Zahnpasta – Streichkäse – Äpfel – Feldsalat – Mayonnaise – Butter – Eier

Inzwischen haben Sie die grundlegende Idee der Geisselhart-Methode sicherlich verstanden. Mit diesen Anregungen werden Sie sich in Kürze noch viel mehr dauerhaft merken können – lassen Sie sich überraschen!

Hier zum Abschluss noch unsere kuriose Phantasiegeschichte für die Einkaufsliste.

Beispiel

Unser Vorschlag für die Einkaufsliste:

Die **Fischstäbchen** satteln sich einige Rollen **Toilettenpapier** und reiten darauf übermütig durch die Luft. Plötzlich stoßen sie mit einer ebenfalls fliegenden Dreiliterflasche **Zitronenlimonade** zusammen und stürzen ab. Zum Glück landen sie weich auf einer überdimensionalen Tube giftgrüner **Zahnpasta.** Diese platzt auf und verteilt sich in der Umgebung, doch da sie angenehm nach **Streichkäse** riecht, ist das gar nicht schlimm. Die Fischstäbchen holen einen großen **Apfel** aus der Tasche und schneiden ihn auf. Im Innern wächst büschelweise **Feldsalat,** den sie pflücken, mit goldglänzender **Mayonnaise** bestreichen und dann in einer Pfanne mit heißer **Butter** schwenken. Zum Schluss werfen sie noch ein paar **Eier** samt Schale in die Pfanne und rühren das Ganze kräftig um . . .

Mit Phantasie den Überblick behalten

Zwei Faktoren sind es, die den Erfolg im Gedächtnistraining maßgeblich beeinflussen: die Konzentration, mit der Sie üben, und die Regelmäßigkeit. Vielleicht haben Sie bereits festgestellt, dass Sie mit der Konzentration keine Schwierigkeiten haben, solange die Beispiele und Phantasiegeschichten spannend und originell genug sind. Und dieser Faktor liegt ja, ebenso wie das regelmäßige Training, ganz in Ihrer Hand: Mit ein bisschen Unterstützung für Ihre inneren Bilder werden Sie schon bald eine bisher ungeahnte Flexibilität in Ihren Phantasievorstellungen und entsprechend auch in Ihren Gedächtnisleistungen entwickeln!

Wie können Sie Ihre Phantasie trainieren?

Es gibt zahlreiche Möglichkeiten, das Vorstellungsvermögen gezielt zu unterstützen. Dazu gehören ganz einfache Übungen wie z. B. die folgenden:

- Sie schließen die Augen und stellen sich eine weiße Leinwand vor, auf der ein großer imaginärer Pinsel die Farbe Rot (später Blau, Gelb und so weiter) aufträgt. Wenn Sie sich dieses einfache Bild immer wieder einmal vorstellen, wird es von Mal zu Mal deutlicher und schneller vor Ihrem inneren Auge entstehen.
- Genehmigen Sie sich ab und zu einen angenehmen Tagtraum: Sie versetzen sich in Gedanken an einen schönen Ort, z. B. an einen Badestrand oder in einen blühenden Garten, und malen sich die Szenerie in allen Details aus.

- Betrachten Sie einen beliebigen Ausschnitt aus Ihrer Umgebung so genau wie möglich, schließen Sie dann die Augen und malen Sie in Ihrer Vorstellung ein detailgetreues Bild nach.

Versuchen Sie bei diesen Vorschlägen alles so plastisch wie möglich zu sehen. Je schärfer Ihr Blick für die Kleinigkeiten wird, umso schneller und exakter werden die Phantasiebilder vor Ihrem inneren Auge entstehen, die Sie für Ihre Verknüpfungen beim Gedächtnistraining brauchen!

Übung: Die To-do-Liste im Kopf

Versuchen Sie nun sich einige Erledigungen einzuprägen, die Sie in den nächsten Tagen auf keinen Fall vergessen dürfen:

- Sie müssen einen wichtigen Vertrag unterschreiben und zurückschicken,
- die Geburtstagsfeier für Ihre Schwiegermutter organisieren,
- in der Autowerkstatt einen Termin für eine Inspektion ausmachen.
- Außerdem sind die Formulare für Ihr Büro fertig und müssen in der Druckerei abgeholt werden
- und Sie haben Ihrem Sohn versprochen, dass Sie zum Elternabend in seiner Schule gehen.
- Ihr Dienstwagen muss dringend gewaschen und vor allem vollgetankt werden
- und schließlich wollten Sie Ihrer Frau einen wunderschönen Blumenstrauß zum Jahrestag Ihres Kennenlernens mitbringen.

Wenn Sie diese Erledigungen zunächst auf jeweils ein Schlagwort reduzieren (Vertrag, Geburtstag, Werkstatt, . . .), wird es Ihnen bestimmt nicht schwerfallen, phantasievolle Verknüpfungen herzustellen und sich alle sieben Punkte zuverlässig zu merken.

▪ *Denken Sie daran: Die erste spontane Assoziation, die Ihnen einfällt, ist meistens die beste!* ▪

Welche Vorteile haben Bilder?

Vielleicht ist es Ihnen schon einmal aufgefallen, dass Bilder häufig sehr viel einprägsamer wirken und in vielen Situationen mehr Informationen vermitteln als „nüchterne" Worte. Nicht von ungefähr meint ja auch der Volksmund: „Ein Bild sagt mehr als tausend Worte."

Beispiel

Stellen Sie sich einmal vor, Sie haben in der Rubrik „Partnersuche" annonciert und öffnen jetzt Ihre Zuschriften:

Im ersten Brief finden Sie eine ausführliche Beschreibung: „... Ich bin 1,80 groß und wiege 70 Kilo. Meine Augen sind braun, die Haare dunkelblond, und ich trage sie gerne etwas länger als andere. Ich habe ein fröhliches Wesen, bin sportlich und gehe gerne tanzen ..."

Im zweiten Brief liegt nur eine kurze Nachricht und ein Foto, auf dem der Absender zu sehen ist; fröhlich lachend läuft er an einem Strand entlang.

Mit großer Wahrscheinlichkeit wird Sie das Foto mehr ansprechen: Sie erkennen auf einen Blick, wie der Absender aussieht, Sie erfassen mehr Details in kürzerer Zeit als bei der verbalen Beschreibung.

So können auch Sie in einem Bild viele verschiedene Einzelheiten abspeichern. Wenn Sie sich z. B. komplexere Sachverhalte einprägen wollen, genügt auch hier wieder jeweils ein einziges Bild als Informationsträger, das Sie sich kurz und konzentriert auf Ihrer inneren Leinwand vorstellen.

Übung: Sätze im Gedächtnis behalten

Prägen Sie sich die folgenden Sätze so ein, daß Sie sie anschließend sinngemäß wiedergeben können. Lesen Sie sie zweimal gründlich durch und reduzieren Sie beim zweiten Lesen die Information auf ein oder zwei Worte, die Sie sich dann stellvertretend für den ganzen Satz merken und in einer lustigen Handlungskette miteinander verbinden.

- Das Meer ist an dieser Stelle fünf Meter tief.
- Die neue Limonadensorte kommt bei den Kunden hervorragend an.
- Die Rindfleischpreise in Südafrika sind in den letzten Monaten konsequent gestiegen.
- Das Surfen auf dem Baggersee macht bei Ostwind am meisten Spaß.
- Der Leiter der Werbeabteilung hat seit letzter Woche einen anderen Dienstwagen.
- Die neue Telefonanlage funktioniert immer noch nicht.
- Das städtische Planungsamt verhindert den Ausbau des Firmenparkplatzes.

Wichtig ist bei dieser Art von Gedächtnistraining auch, dass Sie sich nicht selbst unter irgendeine Form von Leistungsdruck setzen: Ihre spontanen Assoziationen sind genau die richtigen – weil es Ihre eigenen sind.

Mit ein wenig Konzentration und lebhaften Phantasiebildern sind diese sieben Sätze sicherlich kein Problem mehr für Sie. Denken Sie daran, dass die Akteure in Ihrem inneren Film möglichst lebendig und aktiv dargestellt werden!

Können Sie sich erinnern? Mit dem Meer ging es los . . .

Wie Sie sich auch abstrakte Begriffe merken

Grundsätzlich lassen sie sich natürlich genauso merken wie konkrete Gegenstände oder Erledigungen. Nur ist die Vorarbeit ein wenig aufwendiger: Sie müssen den Begriff nämlich in irgendeiner Form mit etwas Konkretem in Verbindung bringen, das Sie dann ersatzweise in Ihrer Phantasiegeschichte bildhaft darstellen können.

Beispiel

Sie wollen sich den Begriff „Motivation" einprägen. Wodurch lassen Sie sich motivieren, etwas zu tun? Das könnte z. B. der Anreiz einer Gehaltserhöhung sein – also stellen Sie sich konkret vor, dass auf Ihrem nächsten Gehaltszettel höhere Zahlen stehen, die in buntem Fettdruck und mit einer besonders schönen Schrift hervorgehoben sind …

Wagen Sie sich nun selbst an eine kleine Liste mit abstrakten Bezeichnungen und setzen Sie Ihre ganze Konzentration und Phantasie dafür ein.

Übung: Abstrakte Begriffe

„Übersetzen" Sie die folgenden Begriffe in phantasievolle konkrete Bilder, die Sie sich dann ersatzweise einprägen. Dafür haben Sie zwei Minuten Zeit.

- Bruttosozialprodukt
- Ehre
- Begabung
- Seele
- Verlust

Wenn Sie sich diese fünf Begriffe einprägen können, haben Sie schon sehr viel gelernt: Der Schritt vom Konkreten zum Abstrakten ist bereits eine Aufgabe für geübte Gedächtnisspezialisten. Wir werden im nächsten Kapitel eine Vertiefung der Methode vorstellen, die diesen Schritt noch ein wenig erleichtert. Doch mit dem bildhaften Umsetzen und Abspeichern von Handlungsketten ist auf jeden Fall schon einmal eine große Vereinfachung vollzogen. Sie erlaubt es Ihnen, größere Mengen von einzelnen Punkten verschiedenster Art durch jeweils spezifische Verknüpfungen (man könnte sie auch als „Eselsbrücken" bezeichnen) dauerhaft und zuverlässig im Gedächtnis zu behalten.

Wer in Bildern denkt, vergisst nichts!

Mit Zahlensymbolen trainieren

Nutzen Sie Ihr Langzeitgedächtnis

In der heutigen Zeit sehen wir uns täglich mit einer immensen Menge an Zahlen, Daten und Fakten konfrontiert. Dieses Wissen können wir unmöglich als Gesamtheit im Kopf behalten; unser Gehirn muss also eine Selektion vornehmen. Nach welchen Kriterien suchen wir uns nun das aus, was für uns persönlich von Bedeutung ist? Was wird im Gedächtnis abgespeichert und was nicht? Und wie kommt es, dass manche Informationen auch nach Jahren noch präsent und spontan abrufbar sind, andere dagegen manchmal schon nach Stunden vergessen zu sein scheinen?

Wenn Sie einmal überlegen, welche Dinge Sie besonders leicht im Gedächtnis behalten, dann werden Ihnen die folgenden Aspekte auffallen:

Sie merken sich etwas ohne große Mühe, wenn

- es Ihnen besonders am Herzen liegt oder sehr wichtig ist,
- Sie es als besonders schön oder beeindruckend erleben, oder
- es sich um etwas Seltsames, Ungewohntes, Außergewöhnliches, auf irgend eine Weise aus dem Rahmen Fallendes handelt.

Einprägsames bleibt länger haften

Diese Dinge bleiben im Kurzzeitgedächtnis leicht haften und wenn Sie sich dann intensiv mit ihnen beschäftigen oder sie aus irgendwelchen Gründen vertiefen, werden sie ins Langzeitgedächtnis verlagert und stehen dort entsprechend für längere Zeit abrufbar zur Verfügung. So können Sie sich sicherlich noch ganz leicht an einen schönen Tag aus Ihrem letzten Urlaub erinnern, während Ihnen die Französisch-Vokabeln, die Sie für Ihre nächste Geschäftsreise lernen sollten, deutlich mehr Mühe bereiten und sich (bislang) nur durch stures Pauken intensivieren und ins Langzeitgedächtnis aufnehmen lassen.

Hinzu kommt noch, dass das Kurzzeitgedächtnis, im Gegensatz zum Langzeitgedächtnis, nur eine begrenzte Aufnahmekapazität hat. Deshalb ist es von Vorteil, die Daten und Informationen, die Sie sich für längere Zeit merken wollen, so schnell wie möglich im Langzeitgedächtnis abzuspeichern.

Ein Schritt in die richtige Richtung ist es schon, wenn Sie das, was Sie sich einprägen wollen, mithilfe Ihrer lebhaften Phantasie zu kleinen Szenen ausschmücken und als außergewöhnliche und besondere Geschehnisse im Gedächtnis behalten. Doch wir wollen noch einen Schritt weiter gehen: Wir verbinden Informationen, die wir uns neu einprägen wollen, mit Informationen, die schon fest im Langzeitgedächtnis verankert sind! Solche fest verankerten Informationen sind etwa die Buchstaben unseres Alphabets oder Zahlen – letztere wollen wir uns hier zu Nutze machen.

Abspeichern mit System: zehn Zahlensymbole

Dazu stellen wir Ihnen ein System vor, das Sie mit Sicherheit nicht mehr vergessen werden. Es dient Ihnen als zuverlässiges Gerüst im Langzeitgedächtnis, an dem Sie all das dauerhaft „befestigen" können, was Ihnen wichtig ist und in Erinnerung bleiben soll.

Auf der folgenden Seite sind zehn Zahlensymbole dargestellt, die im Grunde für sich sprechen: Jedes Bild wird schlüssig und einprägsam mit der zugehörigen Zahl verbunden und umgekehrt. Die Zahlen von eins bis zehn sind ja unwiderruflich in Ihrem Langzeitgedächtnis verankert. Und wenn Sie die zugehörigen Bildsymbole beherrschen, kann dem kontinuierlichen Ausbau Ihrer Merkfähigkeit nichts mehr im Wege stehen!

Wie Sie sich die Zahlensymbole von eins bis zehn merken können

Diese Bilder haben alle einen direkten Bezug zu den jeweils zugeordneten Zahlenwerten. Betrachten Sie die einzelnen Symbole genau und vollziehen Sie die jeweilige Zuordnung in Ihrer Phantasie so intensiv wie möglich nach.

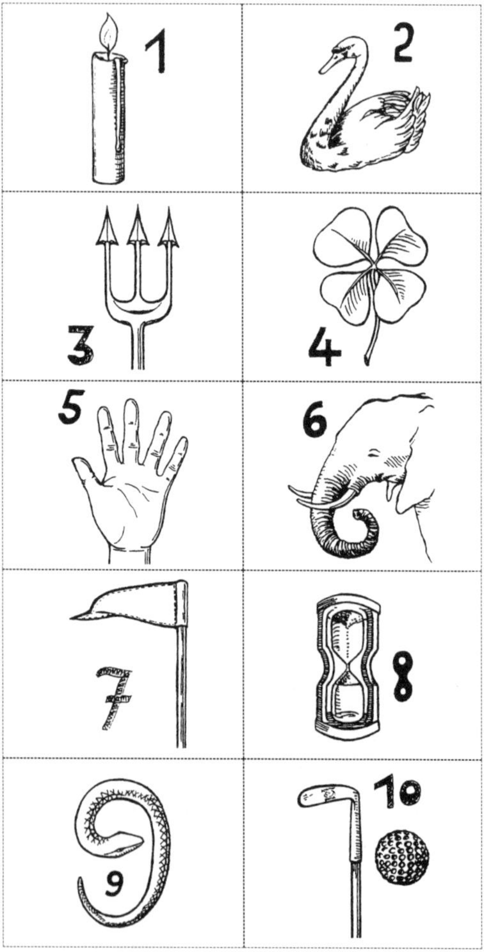

Illustration aus: „Das perfekte Gedächtnis“ / Roland R. Geisselhart, Marion Zerbst, Copyright (©) 1989 Orell Füssli Verlag, Zürich

1 Das Bild für die Zahl eins entspricht von der Form her auch dem Zahlenwert: Für die Eins steht eine Kerze.

2 Ebenso erinnert der Schwanenhals spontan an eine Zwei.

3 Der Dreizack mit seinen drei Zacken ist unmittelbar einleuchtend

4 und genauso sprechen das vierblättrige Kleeblatt

5 und die fünf Finger einer Hand für sich.

6 Der Elefantenrüssel bildet eine deutlich erkennbare Sechs

7 und mit ein wenig Phantasie erkennen Sie in der Fahne eine Sieben.

8 Die Sanduhr hat die Form einer Acht.

9 Die Schlange krümmt sich zur Neun.

10 Ball und Golfschläger ergänzen sich zur Zehn.

Übung: Die Zahlensymbole

Prägen Sie sich die Symbole bis hierher erst einmal ein. Betrachten Sie dazu aufmerksam die Zahlen und die jeweiligen Symbolbilder, und wiederholen Sie diese Kombinationen so oft in Ihrem Gedächtnis, bis Sie sie schließlich vorwärts und rückwärts beherrschen.

Diese Aufgabe ist die wichtigste im ganzen Buch!

Wenn Sie die Zahlensymbole gründlich kennen, können Sie sich damit alles merken, was Sie sich überhaupt vorstellen können! Das funktioniert ganz einfach: Sie haben ja bereits Zweierkopplungen und weitere intensive bildhafte Verbindungen geübt und kennen sich inzwischen ganz gut aus, was diese kreativen Phantasiebilder angeht. Hier kommt es nun darauf an, die Begriffe, die Sie sich merken wollen, mit den fest abgespeicherten Symbolbildern zu verbinden.

Dazu betrachten wir noch einmal die Einkaufsliste vom vorigen Kapitel: Fischstäbchen – Toilettenpapier – Zitronenlimonade – Zahnpasta ...

Und jetzt verknüpfen wir die einzelnen Posten nicht mehr als Reihe untereinander, sondern jeweils mit einem der Symbole. Das bedeutet konkret, wir ordnen folgendermaßen zu:

- Fischstäbchen – Kerze
- Toilettenpapier – Schwan
- Zitronenlimonade – Dreizack

Beispiel

Unser Vorschlag für die neue Einkaufsliste:

Die **Fischstäbchen** tanzen um eine sehr große und sehr heiße **Kerze** herum und bräunen sich dabei den Bauch.

Ein stolzer **Schwan** hat sich rettungslos in eine Rolle **Toilettenpapier** verstrickt und versucht jetzt trotzdem, damit in die Luft zu gehen.

Mit seinem **Dreizack** holt Neptun eine Kiste gut gekühlte **Zitronenlimonade** aus dem Meer.

Und mit der **Zahnpasta** können Sie schöne Muster auf all die großen vierblättrigen **Kleeblätter** malen, die Sie im Wald finden …

Den **Streichkäse** streichen Sie sich aus Versehen auf die **Hand** statt auf das Brot – zum Glück merken Sie es noch, bevor Sie hineinbeißen!

Sie sehen, wie gut diese Methode funktioniert: Sie bilden einfach lauter Zweierverknüpfungen, genau so, wie Sie es zuvor schon geübt haben.

Übung: Verknüpfen mit den Symbolen

Nun dürfen Sie die restlichen Einkaufsposten selbst mit den weiteren Symbolen verbinden: Erfinden Sie lustige kleine Szenen für:

- Äpfel und Elefant
- Feldsalat und Fahne
- Mayonnaise und Eieruhr
- Butter und Schlange
- Eier und Golf

Achten Sie auch hier wieder darauf, dass Ihre inneren Bilder lebendig, bewegt und möglichst bunt sind. Anschließend überprüfen Sie, ob Sie zum einen noch alle Zahlensymbole wissen, zum anderen auch den jeweils passenden Artikel Ihrer Einkaufsliste dazu erinnern.

Wenn das soweit gut geklappt hat, dürfen Sie die nächste Übung in Angriff nehmen.

Übung: Noch eine Liste – „Bürozubehör"

Prägen Sie sich mithilfe der Zahlensymbole die folgenden zehn Posten gut ein

1 Papier für den Kopierer
2 Klarsichthüllen
3 Briefumschläge
4 Faxrollen
5 leere Disketten
6 Büroklammern
7 neue Terminkalender
8 Tesafilm
9 ein neues Mouse-Pad
10 Patronen für den Farbdrucker

Je kontinuierlicher Sie üben, umso eher wird Ihnen diese Technik zur Selbstverständlichkeit. Ihre Phantasie hat keine Grenzen – und auch Ihr Gedächtnis lässt sich immer weiter ausbauen, je mehr es gefordert wird. Darum bleiben Sie am Ball!

■ *Übung macht den Meister!* ■

Listen, Listen, Listen – und noch viel mehr

Mit den Zahlensymbolen können Sie sich alles einprägen, was sich in irgendeiner Form auflisten lässt:

- Erledigungslisten
- Termine
- Schlagzeilen einer wichtigen Nachrichtensendung
- Headlines einer Tageszeitung
- Überschriften von Buchkapiteln oder Zeitungsartikeln
- grundlegende Thesen eines Vortrags
- Bestsellerlisten, Hitparaden, Fernsehprogramm
- Namen (z. B. bei einer Konferenz)

usw.

Im Alltag werden Ihnen immer mehr Gelegenheiten begegnen, bei denen Sie Ihre neu erworbene Merkfähigkeit einsetzen und nutzen können – und jeder Einsatz ist zugleich wichtiges Training. Deshalb fahren wir gleich mit unseren Übungen fort und präsentieren Ihnen eine wichtige Erledigungsliste.

Übung: Alles erledigt?

Stellen Sie sich vor, Sie dürfen an Ihrem nächsten Arbeitstag die folgenden Erledigungen auf keinen Fall vergessen:

1 für den Geburtstag Ihrer Sekretärin einen Blumenstrauß besorgen,
2 den Termin mit dem Vertreter für Bürogeräte auf einen anderen Tag verschieben,
3 den Kopierer zur Reparatur bringen,
4 die Unterlagen für die Konferenz mit dem Kollegen durchsprechen,
5 eine offizielle Begrüßungsansprache für die neuen Lehrlinge halten,
6 die Organisation des jährlichen Betriebsausflugs endlich in Angriff nehmen,
7 den Hausmeister bitten, die defekte Glühbirne im Fahrstuhl auszuwechseln,
8 den Personal-Einsatzplan der letzten Woche kontrollieren,
9 einen Tisch für ein Geschäftsessen reservieren lassen,
10 Ihren Chef um einen Besprechungstermin bitten.

Welche lustigen Assoziationen (= Gedankenverbindungen) sind Ihnen diesmal eingefallen? Natürlich dürfen Sie diese Liste auch abwandeln und einzelne Punkte ersetzen durch aktuelle Erledigungen aus Ihrem eigenen Berufsalltag. Wichtig ist nur, dass Sie üben und dass Sie konkrete Beispiele aus dem Alltag verwenden, denn dabei werden Ihr persönlicher Nutzen und Ihre Fortschritte am schnellsten ersichtlich.

Als Anregung möchten wir Ihnen noch einmal unsere Ideen aufzeigen. Das soll allerdings nicht heißen, dass sie besser oder plausibler sind als Ihre eigenen Gedanken, im Gegenteil:

▪ *Ihre eigenen Assoziationen sind für Ihr Gedächtnis immer die besten!* ▪

Beispiel

So wird alles erledigt:

Auf dem bunten **Blumenstrauß** steckt oben eine leuchtend rote, stark tropfende **Kerze** darauf, und das heiße Wachs läuft Ihnen auf den schönen weißen Hemdsärmel.

Den **Vertreter** schicken Sie in den Stadtpark, **Schwäne** füttern – soll er doch denen seine Bürogeräte vorführen!

Der **Kopierer** kleckst stark, sodass Sie ihn sicherheitshalber auf einen **Dreizack** gespießt zum Auto balancieren, um sich nicht noch mehr schmutzig zu machen.

Der Kollege findet Ihre vorbereiteten **Konferenzunterlagen** gut und klebt als Zeichen für seine Genehmigung ein großes **Kleeblatt** auf die erste Seite.

Sie sehen sich in Ihrer Vorstellung bei der **Ansprache** jeden einzelnen Lehrling mit **Hand**schlag begrüßen.

Sie möchten beim **Betriebsausflug** Ihren Kollegen auf jeden Fall einen Ritt auf einem Zirkus**elefanten** anbieten.

Wenn die **Glühbirne** endlich ersetzt ist, soll der Hausmeister als Zeichen die große rote **Fahne** vor dem Aufzug hissen.

Seit die Stempeluhr durch eine meterhohe **Eieruhr** ersetzt wurde, haben Sie das Gefühl, dass das **Personal** ganz nach Lust und Laune zur Arbeit kommt und wieder geht …

In der Stadt gibt es ein neues exotisches **Restaurant,** in dem, so heißt es, blaue und grüne **Schlangen** frei herumkriechen dürfen – bevor sie dann zubereitet und verspeist werden …

Ihr **Chef** ist ein vielbeschäftigter Mann – vielleicht sollten Sie ihn zu einer Partie **Golf** einladen, damit er Ihnen dort einmal zehn Minuten lang zuhört?

Die Sinnverknüpfung ist wichtig!

Sie haben sicherlich bemerkt, daß es nicht immer auf den exakten Wortlaut ankommt – es genügt, wenn Sie sich an den zu merkenden Sachverhalt sinngemäß erinnern können! Die Details fallen Ihnen dann von selbst wieder ein. So denken Sie z. B. an die Kerze – dazu fällt Ihnen der Blumenstrauß wieder ein, in dem sie (tropfend) steckt – und schon erinnern Sie sich: Ihre Sekretärin hat Geburtstag! Ebenso sehen Sie die Schwäne vor sich, wie sie eben gefüttert werden – von dem Vertreter, den Sie auf den nächsten Tag vertrösten mussten ...

Falls Sie bei der Kontrolle merken, daß noch nicht alle Punkte zu Ihrer Zufriedenheit verankert sind, dann wiederholen Sie das Verknüpfungsbild in Ihrer Vorstellung: Lassen Sie es noch einmal vor Ihrem inneren Auge entstehen oder ablaufen; fügen Sie noch etwas mehr an Farbe, Bewegung und Absurdität hinzu, und Sie werden sehen: Diesmal ist der zugehörige Begriff zuverlässig abgespeichert!

In der folgenden Übung dürfen Sie sich an eine (fiktive) Bestsellerliste wagen.

Übung: Bestseller merken

Verknüpfen Sie (in maximal drei Minuten) die Symbolbilder mit je einem der folgenden Buchtitel:

1 Der Pferdeflüsterer
2 Emotionale Intelligenz
3 Das perfekte Gedächtnis
4 Kreativitätstechniken

5 Der Traumfänger
6 Vom richtigen Zeitpunkt
7 Nieten in Nadelstreifen
8 Stroh im Kopf
9 Die Wolfsfrau
10 Erfolg kennt keine Grenzen

Mithilfe Ihrer Phantasie werden Ihnen sicher passende Bilder einfallen, mit denen Sie auch theoretische Begriffe wie „Gedächtnis" und „Erfolg" in eine konkrete Handlung umwandeln und dann mit den jeweils zugehörigen Symbolen (Dreizack, Golf) verbinden können. Überprüfen Sie anschließend, möglichst ohne dabei ins Buch zu schauen, ob Sie alle zehn Buchtitel wiedergeben können.

Wie Sie sich mehrere Listen einprägen

Sie werden sich inzwischen vielleicht fragen, ob das nicht verwirrend ist, wenn Sie sich mit ein und denselben Symbolen so verschiedenartige Listen einprägen. Dazu kurz folgende Erläuterung:

Solange Sie die Symbole nicht unmittelbar hintereinander mit unterschiedlichen Begriffen belegen, werden Sie nicht in Bedrängnis geraten, und Ihr Gehirn kann den jeweiligen Kontext noch klar zuordnen. Und für den Fall, daß Sie die Symbole tatsächlich kurz hintereinander für verschiedene Einsatzzwecke heranziehen wollen, gibt es einen einfachen Trick: Sie stellen sich die Zahlensymbole in verschiedenen Farben vor, z. B. für die erste Gruppe von Begriffen in leuchtendem Rot, für die zweite Gruppe in Dunkelgrün.

Falls Sie vorhin bei den Verknüpfungen Schwierigkeiten hatten, hier noch ein paar Ideen zur Bestsellerliste:

Beispiel

Unsere Bestseller

Der „**Pferdeflüsterer**" unterhält sich leise und natürlich bei romantischem **Kerzen**schein mit dem kranken Pferd.

Ein stolzer **Schwan** zieht majestätisch seine Kreise auf dem See – und trägt dabei ein großes Transparent, auf dem steht, was er symbolisieren soll, nämlich „**Emotionale Intelligenz**".

Ein „**Perfektes Gedächtnis**" erreichen Sie durch konsequentes Trainieren und damit Sie das auch tun, stellen Sie sich vor, jemand (die Autoren?) treibt Sie mit dem **Dreizack** zum Üben an!

Auf wie viele verschiedene Arten kann man ein **Kleeblatt** darstellen? Lassen Sie Ihre **Kreativität** fließen: Sie können es malen, im Wald pflücken, aus Papier ausschneiden, aus Ton gestalten und so weiter …

Versuchen Sie einmal, Ihre **Träume,** die wie bunte Seidentücher quirlig durch die Luft fliegen und Ihnen die klare Sicht vernebeln, mit bloßen **Händen** einzufangen!

Das soll an dieser Stelle als Anregung genügen; nun können Sie die restlichen Verknüpfungen (falls nicht schon geschehen) selbst herstellen.

Es ist übrigens beim Verknüpfen nicht wichtig, ob in Ihrer Phantasiegeschichte das Symbol zuerst auftaucht oder der zu merkende Begriff, denn durch die Verknüpfung werden beide ja eng miteinander verbunden. Und wenn Sie später an die Symbole denken, z. B. an den Dreizack, dann fällt Ihnen sofort wieder ein, was Sie damit assoziiert haben, nämlich ...?

Übung: Test

Testen Sie doch gleich einmal, ob Ihnen sowohl das Buch wieder einfällt als auch die Erledigung am Arbeitsplatz:

Dreizack – Bestseller: ______________________________

Dreizack – Erledigung: _____________________________

Gerne dürfen Sie diese Übung auf die ersten zehn Symbole ausweiten und versuchen, sich an jeweils beide Begriffe zu erinnern, die Sie sich zuvor in den Listen „Erledigung" und „Bestseller" eingeprägt haben.

Wenn Sie mehrfach beide Begriffe spontan erinnern konnten, dürfen wir Ihnen gratulieren: Sie haben bislang konsequent geübt und Ihre Gedächtnisleistung bereits um etwa 20 Prozent verbessert!

■ *Bleiben Sie weiter am Ball!* ■

Sich noch mehr merken und schneller werden

Wie Sie sich auch 20 Dinge spielend einprägen können

Damit Sie für Ihre Gedächtnisleistungen nun einen noch größeren Spielraum bekommen, stellen wir Ihnen zehn weitere Zahlensymbole vor, nämlich die von 11 bis 20. Hier benötigen Sie schon ein wenig mehr Phantasie, um die Symbolbilder als solche zu erkennen und zuzuordnen.

Übung: Weitere Symbole

Speichern Sie auch diese Symbole von 11 bis 20 gründlich in Ihrem Gedächtnis ab, sodass Sie anschließend die komplette Reihe von 1 bis 20 vorwärts und rückwärts beherrschen.

11 Das Symbol für die 11 bilden die beiden Spaghetti an der Gabel.

12 Der Wecker hat zwölf Ziffern, steht auf zwölf Uhr und vertritt die 12.

13 Der Schwanz der Katze zeigt die 1, der gekrümmte Rücken die 3.

14 Der gerade Blitz steht für die 1, der gezackte für die 4.

15 Mit etwas Phantasie erkennen Sie in der linken Wand der Aufzugskabine die 1, in der gekrümmten Haltung des Mannes die 5.

16 Die Angelrute formt eine 1, der Haken eine 6.

17 Die Kanten des Geodreiecks sehen aus wie eine 1 und eine 7.

18 Die linke Seite des Häuschens ist die 1, das doppelte Loch die 8.

19 Schnur und Ballon an der Schnur formen die 1 und die 9.

20 Die gebogenen Kufen sehen aus wie eine 2, Nikolaus, Gepäck und Sitz zusammen wie eine 0.

Mit diesen insgesamt 20 Symbolbildern sind Sie nun für den normalen Alltagsbedarf hinreichend gerüstet. Und falls Sie doch einmal in die Verlegenheit geraten, sich noch mehr

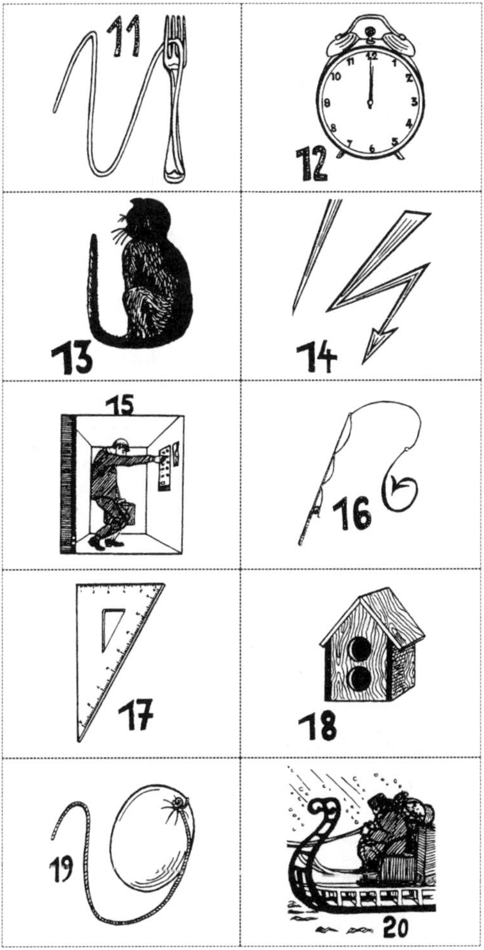

Illustration aus: „Das perfekte Gedächtnis“ / Roland R. Geisselhart, Marion Zerbst, Copyright (©) 1989 Orell Füssli Verlag, Zürich

Punkte einprägen zu müssen, denken Sie an unseren Vorschlag mit den verschiedenen Farben: Die ersten 20 Begriffe speichern Sie mit roten Symbolen ab, die nächsten 20 mit grünen Symbolen und so weiter.

Mit den Symbolen Nachrichten speichern

Eine schöne Gelegenheit, die schnelle und spontane Assoziation mit den Zahlensymbolen zu trainieren, bietet sich Ihnen jeden Abend, wenn Sie die Fernsehnachrichten ansehen.

Die Grundidee ist die folgende: Sie reduzieren jede Meldung auf eine Kernaussage, einen prägnanten Begriff, und verbinden diesen mit dem entsprechenden Zahlensymbol. Nach der Sendung setzen Sie sich dann kurz hin und notieren sich die einzelnen Stichpunkte – und schon nach kurzer Zeit werden Sie sich vollständig an die wichtigsten Meldungen des Tages erinnern können.

Achten Sie ein wenig darauf, dass Sie sich bei den einzelnen phantasievollen Verknüpfungen zwischen der Meldung und dem Symbol nicht zu lange aufhalten.

Die erste spontane Assoziation, die Ihnen einfällt, ist meistens auch die beste!

Übung: Was hat der Tag gebracht?

Betrachten Sie die folgende Liste und speichern Sie diese fiktiven Nachrichtenmeldungen mit den Symbolen verknüpft in Ihrem Gedächtnis ab. Dazu sollen Sie nicht länger als drei Minuten benötigen. Der Abwechslung halber können Sie hier, wenn Sie möchten, die Symbole von 11 bis 20 benutzen:

11 Einsatz der Tornado-Kampfflugzeuge vom Bundestag abgelehnt,

12 Bundeskanzler in Warschau eingetroffen,

13 Erpresserbande im Internet aufgespürt,

14 Öltanker im Mittelmeer leckgeschlagen,

15 wilde Flucht zweier Autodiebe über die A5,

16 Koalitionsversprechen: neue Initiativen für Arbeitslose,

17 Beginn der Parlamentswahlen in Moldavien,

18 Neues Orkantief an der Westküste der USA,

19 Mineralölsteuererhöhung um einen Pfennig?,

20 gestrandete Wale ins tiefe Meer zurückgebracht.

Noch schneller mit der „Blitzlicht-Technik"

Diese Übung können Sie selbstverständlich auch mit den Nachrichten im Radio machen. Für den Anfang hat aber das Fernsehen vielleicht doch den Vorteil, dass die Bilder zu den einzelnen Meldungen ja meist vorgegeben sind; das heißt, Sie brauchen das entsprechende Symbol in Gedanken nur mitten in das vorgegebene Bild „hineinzuwerfen", als würden Sie eine Momentaufnahme, ein sogenanntes Blitzlicht machen wollen.

Beispiel

So geht es schnell

Sie sehen den Bericht aus dem Bundestag – und stellen in Gedanken blitzschnell jedem Abgeordneten eine große Portion **Spaghetti** auf seinen Arbeitsplatz.

Und vielleicht lassen Sie ja bei der Ankunft des Bundeskanzlers in Warschau die große **Turmuhr** dröhnend zwölf schlagen?

Diese Vorstellung, eine Sekunde lang, genügt schon, um die gedankliche Verbindung herzustellen. Und wenn Sie später wieder an die Spaghetti denken, werden Ihnen die Abgeordneten einfallen (und dazu natürlich auch die Frage des Tornado-Einsatzes); bei der Uhr denken Sie sofort an den Staatsbesuch des Kanzlers und so weiter.

Argumente flexibel abrufen

Die Reihenfolge ist nicht entscheidend

Vielleicht ist es Ihnen bei der Frage nach den Verknüpfungen mit dem Dreizack schon aufgefallen: Es stellt bei unserer Methode überhaupt kein Problem dar, die Reihenfolge der eingespeicherten Begriffe zu verändern! Sie können die Symbole mitsamt den zugehörigen Stichwörtern vorwärts oder rückwärts oder völlig durcheinander abrufen. Und Sie haben trotzdem die Gewähr, dass Sie nichts vergessen oder übersehen, denn Sie können ja die Vollständigkeit anhand der Ziffernfolge jederzeit kontrollieren!

Anders als beim gewohnten sturen Auswendiglernen brauchen Sie also nicht das Gelernte in der einmal eingeprägten Reihenfolge herunterrattern, sondern Sie können es ganz nach Bedarf flexibel einsetzen. Diese Flexibilität brauchen Sie besonders dann, wenn Sie Ihr Wissen anderen vermitteln und dabei z. B. auf Fragen reagieren, vor- oder zurückgreifen müssen.

Übung: Was war noch gleich zu erledigen?

Machen Sie doch einmal die Probe aufs Exempel: Sicher erinnern Sie sich noch an die wichtigen Erledigungen im Büro. Fällt Ihnen da spontan wieder ein, was an sechster Stelle stand?

Das sechste Symbol ist – richtig: der **Elefant,** auf dem wollten Sie Ihre Kollegen reiten lassen – der Hintergrund war die Organisation des **Betriebsausflugs.**

Versuchen Sie es selbst mit Platz 4:

Das Kleeblatt ... – ____________

Und was war mit den Plätzen

7 – 2 – 5 – 1 – 8 – 3 – 10 – 9?

Sie merken es selbst: Wenn Sie die Bildverknüpfungen vorher lebhaft und lebendig vollzogen haben, bereitet es Ihnen keinerlei Schwierigkeiten, diese Punkte nun auch in einer anderen Reihenfolge vollständig abzurufen!

Den roten Faden behalten

Gerade bei dem Beispiel mit den eben erwähnten Erledigungen erklärt sich der praktische Nutzen dieser Flexibilität von selbst: Sie werden wohl kaum die Möglichkeit haben, Ihre Liste schön der Reihe nach Punkt für Punkt abzuarbeiten. Und so können Sie immer wieder zwischendurch die Zahlen(symbole) in Gedanken durchgehen und sehen, was noch fehlt.

Sie können auch, beispielsweise in einer Argumentationskette, die Reihenfolge nach Bedarf spontan verändern. Befassen Sie sich dazu einmal mit der folgenden Anregung:

Übung: Verkaufsargumente einprägen und sicher abrufen

Stellen Sie sich vor, Sie sind Verkaufsleiter einer Kosmetikfirma und sollen nun ein neues Schaumbad auf den Markt bringen. Hier sind Ihre Verkaufsargumente, prägen Sie sich diese anhand der Symbole gut ein (drei Minuten Zeit):

1. Das Schaumbad ist absolut hautfreundlich und allergiegetestet.
2. Es duftet angenehm nach Vanille oder Zimt.
3. Für Kinder gibt es die Duftnoten Apfel oder Orange.
4. Die Flaschen sind griffig und rutschen auch im Wasser nicht aus der Hand.
5. Im Deckel ist ein Dosierventil integriert, das einen sparsamen Verbrauch garantiert.
6. Das Schaumbad ist auch als Haarshampoo verwendbar.
7. Es gibt eine Familienpackung mit einem Liter Inhalt und eine Reisepackung mit 100 ml.
8. Das Produkt ist äußerst preisgünstig.
9. Die Verpackung ist aus umweltfreundlichem, recycelfähigem Material.
10. In jeder Packung gibt es eine lustige kleine Tierfigur zum Sammeln.

Nicht immer läuft alles nach Plan

Wenn Sie sich diese Argumente fest eingeprägt haben, stellen Sie sich vor, Sie sind nun im intensiven Kundengespräch z. B. bei Vorteil drei angelangt und präsentieren gerade die verschiedenen Duftnoten. Da fragt Ihr Gesprächspartner nach der Packungsgröße. Diesen Punkt haben Sie auf Platz sieben abgespeichert. Sie ziehen ihn nun einfach vor, weil er eben jetzt in den Zusammenhang passt – und können anschließend genau an der Stelle in Ihrer Argumentationskette weitermachen, wo Sie unterbrochen wurden, nämlich bei Punkt drei beziehungsweise vier.

Sie können also alle Argumente flexibel abrufen. Außerdem wissen Sie sicher, dass solche Zwischenfragen Sie nicht mehr aus dem Konzept bringen können.

> ■ *Wenn Sie sich Ihre Argumente mithilfe der Zahlensymbole einprägen, können Sie sicher sein, dass Sie immer wieder zum „roten Faden" Ihrer ursprünglich konzipierten Argumentation zurückfinden!* ■

Mit der Geisselhart-Methode und den Zahlensymbolen haben Sie die Gewähr dafür, dass Sie

- jederzeit die ursprüngliche Reihenfolge Ihrer Punkte verändern können,
- auf sämtliche Punkte immer spontanen Zugriff haben,
- keinen Ihrer Punkte vergessen oder übersehen,
- jederzeit flexibel und vollständig argumentieren können.

So bauen Sie Ihre Fähigkeiten aus

Mit allen fünf Sinnen zum Erfolg

Wenn Sie die Kapazitäten Ihres Erinnerungsvermögens noch intensiver nutzen wollen, dann können Sie es durch eine einfache Anregung kräftig unterstützen. Viele Gedächtniskünstler trainieren ihre ausgezeichnete Merkfähigkeit, indem sie ganz bewusst die verschiedenen Sinneswahrnehmungen miteinander kombinieren, über die ja jeder von uns verfügt:

- Sehen
- Hören
- Fühlen
- Riechen
- Schmecken

Auf diese Weise gelingt es ihnen, die oftmals immensen Datenmengen, die sie sich einprägen wollten, so dauerhaft im Gedächtnis zu verankern, dass sie jederzeit darauf zugreifen können.

Diese Verfeinerung wollen wir nun auch anwenden und mit unserer Methode der Zahlensymbole kombinieren:

Übung: Mit den fünf Sinnen arbeiten

Die folgenden wichtigen Erledigungen erwarten Sie am Montagmorgen im Büro. Betrachten Sie sich diese Liste und speichern Sie sich die Punkte anhand der Zahlensymbole verlässlich ein. Achten Sie nun darauf, dass Sie die inneren Verknüpfungsbilder mit einem der fünf Sinne kombinieren, indem Sie in den Phantasieszenen ganz bewusst etwas *sehen, hören, spüren, schmecken* oder *riechen:*

1 Als Erstes müssen Sie mit Ihrer Sekretärin die Post durchsehen.

2 Anschließend machen Sie eine genaue Aufstellung der aktuellen Termine für die kommende Woche.

3 Sie sollten dringend das Protokoll von der letzten Vorstandssitzung schreiben.

4 Ihr Anwalt hat schon zweimal angerufen und wollte einen Termin mit Ihnen ausmachen.

5 Ihr Chef hat Sie gebeten, für das neue Produkt eine Präsentation auszuarbeiten.

6 Das Computerprogramm für die Rechner in Ihrer Abteilung ist endlich angekommen und sollte unbedingt bald installiert werden.

7 Sie müssen dringend die Anträge für das Finanzamt unterschreiben

8 und die Anfrage an die neue Telekommunikationsfirma abschicken.

9 Außerdem sollten Sie sich um eine geeignete Lokalität für die diesjährige Weihnachtsfeier der Firma kümmern.

10 Die Sekretärin muss einen wichtigen Vertrag ändern und neu schreiben.

11 Einer Ihrer Mitarbeiter hat einen interessanten Vorschlag zur Rationalisierung am Arbeitsplatz gemacht, mit ihm wollen Sie ebenfalls möglichst bald sprechen.

12 Schließlich müssen Sie darauf achten, pünktlich Feierabend zu machen, da Sie am Abend mit Ihrer Frau in die Oper eingeladen sind ...

Achten Sie bei den Verknüpfungen wieder darauf, dass sie lebendig und ruhig ein wenig absurd sein sollen. Nehmen Sie sich genügend Zeit (etwa sechs bis acht Minuten) und kreieren Sie „gefühlvolle" Bilder.

Je intensiver Sie sich auf Ihre Sinneseindrücke innerlich einlassen können, umso leichter fällt es Ihrem Gedächtnis, bei Bedarf die richtige „Schublade" zu ziehen und den gesuchten Begriff schnell und zuverlässig wiederzufinden. Versuchen Sie einmal, die folgende kleine Szene mit allen fünf Sinnen in Ihrer Vorstellung nachzuvollziehen:

Beispiel

So schön kann Phantasie sein

Sie sitzen an einem kleinen Bergbach in der Sonne, nehmen eine kräftige Brotzeit zu sich und genießen derweil die Aussicht. Was können Sie *sehen, hören, spüren, schmecken* oder *riechen*?

Sehen: Betrachten Sie in Gedanken das Panorama der umliegenden Gipfel, den Bach, der sich über die Wiese schlängelt, vielleicht bunte Blumen oder blühende Berghänge, den Wanderweg, der sich am Hang entlang in die Höhe windet ...

Hören: Lauschen Sie dem Plätschern des Wassers, einem Flugzeugmotor, entfernten Stimmen von anderen Spaziergängern, einer Hummel, die zwischen den Blüten hin und her fliegt …

Spüren: Nehmen Sie den kühlen Lufthauch auf Ihrem Gesicht wahr. Oder vielleicht spüren Sie eher Ihre schweren, müden Beine oder das Gefühl von Freude über die schöne Wanderung und die tolle Aussicht hier oben …

Riechen: Genießen Sie die würzige Bergluft, den Duft der Blumen …

Schmecken: Achten Sie bewusst auf die verschiedenen Geschmacksnoten z. B. Ihrer Brotzeit: Käse, Karotten, Brot, Eistee usw. …

Wenn Sie sich mit all Ihren Sinnen in eine solche Situation versetzen können, dann hat es Ihr Gedächtnis leicht, Ihnen das Gewünschte später schnell wieder in Erinnerung zu bringen. Je mehr Sinneseindrücke Sie miteinander verschmelzen, umso intensiver und einmaliger wird das gesamte Bild für Ihr Erinnerungsvermögen sein.

Beispiel

„Sinn-haftes" Einprägen

Als Anregung sehen Sie hier ein paar Beispiele unserer „sinnlichen" Verknüpfungen:

Bei **Kerzen**licht, weil es noch dunkel ist, sehen Sie sich die Post an – mit einer Lupe, damit Sie alles genau erkennen.

Sie haben einige Termine außerhalb der Firma; deshalb bestellen Sie sich als Taxi einen fliegenden (überdimensionalen) **Schwan.** Sie spüren schon jetzt die Kälte, die Sie beim Flug auf seinem Rücken empfinden werden.

Ebenso intensiv spüren Sie den **Dreizack** in Ihrem Rücken, mit dem der Vorstandsvorsitzende Sie dazu antreibt, endlich das Protokoll zu schreiben …

Hier haben Sie also zwischen die Verknüpfung „Kerze – Post" noch die deutliche Wahrnehmung „Sehen" (Lupe) eingefügt und somit die Verbindung zwischen den Begriffen verstärkt. Dasselbe gilt natürlich auch für die beiden anderen Beispiele:

Schwan – Kälte spüren – Termine

Dreizack – Druck im Rücken fühlen – Protokoll

Das können Sie auch: Setzen Sie beim Abspeichern Ihre fünf Sinne ein und verstärken Sie so Ihre inneren Vorstellungsbilder.

▪ *Mit Phantasie* **und** *Gefühl machen Sie es sich noch leichter, sich an das Gewünschte später schnell und zuverlässig zu erinnern!* ▪

Gemeinsam üben macht stark

Ein guter Maßstab dafür, wie gut Sie schon mit den Zahlensymbolen umgehen können, ist das Üben mit einem Partner. In dem Moment, wo Sie das Gelernte an jemanden weitervermitteln, können Sie ersehen, wie selbstverständlich Ihnen diese Technik bereits geworden ist.

Übung: Die Zahlensymbole erklären

Suchen Sie sich also, wenn Sie möchten, jemanden, der sich auch für unser Gedächtnistraining interessiert, und erklären Sie ihm das System mit den Zahlensymbolen. Für den Anfang genügt es, wenn Sie die Symbole von 1 bis maximal 12 verwenden.

Landen Sie einen Überraschungseffekt

Bevor Sie Ihren Trainingspartner über das Geheimnis und die Funktionsweise der Symbole aufklären, können Sie mit einer einfachen Übung vorab schon deutlich demonstrieren, wie ausgezeichnet Ihr Gedächtnis nach dieser kurzen Zeit bereits trainiert ist.

Übung: Die überzeugende Demonstration

Sie notieren die Zahlen von 1 bis 10, wenn Sie es sich zutrauen auch schon bis 12 oder 15, untereinander auf ein Blatt Papier. Ihr Partner nennt nun beliebige Begriffe und ordnet sie einer der Zahlen zu. Das kann dann z. B. so aussehen:

Regierungskrise zur 6,

Gewerbeflächen zur 2,

Internet zur 10,

Teppichboden zur 4,

Spitzenjob zur 1 usw.

Sie oder Ihr Partner notieren die Begriffe jeweils neben der betreffenden Zahl und bereits während geschrieben wird prägen Sie sich die Paare (Begriff + Zahl) blitzschnell ein. Vergessen Sie nicht, nach Möglichkeit sowohl die Blitzlichttechnik als auch die „sinnliche" Verknüpfung anzuwenden!

Anschließend geben Sie die Liste Ihrem Partner in die Hand und zählen auf, welcher Begriff auf welchem Platz steht:

1 = Spitzenjob

2 = Gewerbeflächen usw.

Damit werden Sie Ihren Partner wahrscheinlich stark verblüffen. Selbstverständlich darf er die Begriffe nun auch rückwärts abfragen oder in vertauschter Reihenfolge und Sie werden ihm immer souverän antworten können, denn Sie haben sich ja alle Begriffe abrufsicher eingeprägt ...

Anschließend erklären Sie ihm natürlich das System der Zahlensymbole und ihre Funktionsweise. Wenn er im Umgang mit ihnen später ein wenig vertraut geworden ist, können Sie dieselbe Übung ganz einfach zu zweit machen.

Übung: Begriffsliste zu zweit

Sie nennen abwechselnd je einen Begriff und eine Zahl und kontrollieren sich anschließend gegenseitig (ohne Aufschreiben!), ob Sie noch alles wissen.

Lassen Sie mich noch kurz an einem Beispiel aus dem Alltag darstellen, wie spielerisch man sich jegliche Art von Daten mit unserer Technik merken kann und wie überaus vielseitig sie anwendbar ist.

Beispiel

Die „Hitparade“

Meine Kinder, zwischen acht und dreizehn Jahre alt, arbeiten immer wieder gerne (und sehr spielerisch) mit den Zahlensymbolen. So auch kürzlich, als sie sich gemeinsam die Titel einer „Top Hits“-Kassette einprägten:

Der erste Song hieß „All my Life“ – das A ist der **erste** Buchstabe im Alphabet;

beim zweiten Titel, „Stranded“, dachten sie an rauschende Meereswellen („hören“!) und eine Schar stolzer **Schwäne**;

der dritte Titel, „Mysterious Times“, wurde kurzerhand umgetauft in „Mysterious Feelings", die man verspürt („spüren"!), wenn man mit einem **Dreizack** unsanft berührt wird;

„Climbing" beginnt mit den gleichen Lauten wie **Kleeblatt** (Diese Assoziation genügte den Kindern schon, um sich später zuverlässig an den Titel zu erinnern!);

bei Titel Nummer fünf, „Angels", stellten sie sich vor, wie ihre Schutzengel sie an der **Hand** nehmen und beschützen, usw.

Noch drei Wochen später konnten sich alle drei Kinder an alle insgesamt 14 Titel genau erinnern.

Lassen Sie sich etwas einfallen!

Wenn Sie einen Übungspartner gefunden haben, können Sie die meisten der bisher beschriebenen Übungen natürlich auch zu zweit machen. Dabei kommt es aber nicht darauf an, daß Sie in Ihren Verknüpfungsbildern übereinstimmen oder darin wetteifern, wer das „bessere" gefunden hat, denn es gilt, wie wir bereits erwähnten, dass für jeden Menschen seine eigene Phantasie der alleinige Maßstab ist.

Was sich sehr gut dazu eignet, nebenbei und ohne großen Zeitaufwand das Gedächtnis zu trainieren, sind z. B. Fernsehsendungen. Sie können sich zusammen die Nachrichten ansehen und hinterher gemeinsam die einzelnen Meldungen rekapitulieren.

Indem Sie Ihre Kenntnisse und Fähigkeiten mit anderen teilen, festigen Sie Ihr eigenes Wissen und das Vergnügen, das Sie zu zweit erleben, unterstützt darüber hinaus Ihre persönliche Motivation. Und eine gute Motivation fördert wiederum Ihre Fortschritte! (Für weitere Partner-Übungen verweisen wir Sie auf die Literaturliste.)

Verbessern Sie Ihre rhetorischen Fähigkeiten

Weiter oben haben wir schon gesehen, dass Sie mit unserem Gedächtnistraining eine ganze Reihe von Argumenten souverän beherrschen lernen. So sind Ihnen einerseits die Symbole eine wertvolle strukturelle Hilfe, wie z. B. in einer Produktpräsentation, andererseits machen Sie auf Ihre Gesprächspartner einen sicheren und selbstbewussten Eindruck, weil Sie sich präzise und gleichzeitig bildhaft-lebendig ausdrücken.

Sie können die Technik der Symbole in folgenden Situationen direkt oder indirekt nutzen:

- Sie prägen sich die wichtigsten Kernpunkte einer Rede ein, die Sie halten müssen.
- Sie sammeln und gliedern gleichzeitig die Argumente oder Produktvorteile für ein Verkaufsgespräch.
- Sie merken sich die einzelnen Informationen, die einen bestimmten Kunden oder Geschäftspartner betreffen.
- Sie verankern bereits während eines Telefonats wichtige Daten in Ihrem Gedächtnis.
- Sie verfolgen eine Besprechung oder Konferenz und prägen sich dabei blitzschnell die Hauptgesichtspunkte ein.
- Sie merken sich Zusammenhänge und Hintergründe automatisch

und vieles mehr.

Die hier vorgestellte Gedächtnistechnik bietet eine überzeugende Mischung aus Struktur und Flexibilität, aus phantastischer Merkfähigkeit und bildhaft-eindrucksvoller Sprache.

Selbst wenn Sie einmal eine größere Rede halten müssen, sind Sie dank dieser Fähigkeiten in der Lage,

- Ihre Aussagen klar strukturiert zu vermitteln, denn Sie haben ja den Ablauf der geplanten Ausführungen genau im Kopf,
- während Ihrer Darlegungen flexibel zu bleiben und bei Bedarf auch einzelne Punkte vorzuziehen oder auf Einwände und Zwischenfragen einzugehen,
- alle Teile Ihrer Rede zu präsentieren, auch wenn Sie von der ursprünglich geplanten Reihenfolge abgewichen sind, und
- Ihren Zuhörern während der ganzen Rede durch Ihren bildhaft-konkreten Sprachstil anschauliche Gedankengänge zu vermitteln.

Übung: Eine Rede halten

Stellen Sie sich vor, Sie sollen Ihren Kollegen (Nachbarn, Freunden) eine Rede halten über den Sinn und Zweck von Gedächtnistraining. Überlegen Sie sich mindestens zehn Argumente, mit denen Sie sie vom Nutzen überzeugen wollen, ordnen Sie sie nach ihrer Bedeutung und prägen Sie sich diese Punkte anschließend gut ein. Kreieren Sie in Ihrer Phantasie lebendige Bilder, nutzen Sie wieder die fünf Sinne und lassen Sie auch in Ihrer vorgebrachten Argumentation möglichst viele Bilder und Gefühle sprechen!

Falls Sie die Möglichkeit dazu haben, sollten Sie versuchen, diese Argumente tatsächlich einmal in einem konkreten Gespräch anzubringen.

So wird sich Ihr Gedächtnistraining direkt und indirekt positiv auf Ihre rhetorischen Fähigkeiten auswirken:

Sie gewinnen auf jeden Fall an Sicherheit, was Aufbau und Inhalt Ihrer Darlegungen betrifft. Darüber hinaus werden Sie aber auch feststellen, dass sich Ihr Stil umso deutlicher auf Ihre Sprache und Formulierungskunst auswirken wird, je mehr Sie sich angewöhnen in Bildern zu denken und sich wichtige Dinge in phantasievollen, ausdrucksstarken Szenen einzuprägen. Sie drücken sich konkreter und gezielter aus, Ihre Aussagen werden für Ihre Gesprächspartner klarer und einfacher nachvollziehbar.

Sich endlich Namen und Gesichter merken

Ein weiterer wichtiger Aspekt im Berufsleben ist der richtige Umgang mit Namen. Oftmals erinnern wir uns noch daran, dass wir eine bestimmte Person schon einmal gesehen haben, doch der Name ist uns trotz aller Bemühungen vollständig entfallen.

Solche Situationen können Sie in Zukunft konsequent vermeiden: Sie lernen hier, sich Namen und Gesichter zuverlässig einzuprägen, sodass Sie schon bald von Ihrem ausgezeichneten Namensgedächtnis im Alltag profitieren werden.

So prägen Sie sich neue Namen zuverlässig ein

1 Sie stellen sicher, dass Sie den Namen richtig verstanden haben.

2 Sie betrachten die Person genau und suchen sich ein auffallendes Merkmal aus.

3 Dieses verbinden Sie in einem phantasievollen Bild mit dem Namen.

■ *Wenn Sie diese drei Schritte konsequent umsetzen, werden Namen und Gesichter im Alltag kein Problem mehr für Sie darstellen.* ■

1 Haben Sie den Namen richtig verstanden?

Nichts ist peinlicher, als sich einen falschen Namen zu merken. Vor allem am Telefon passiert es häufig, dass der Name verzerrt ankommt oder vom Gesprächspartner nur undeutlich in die Sprechmuschel gemurmelt wird. Dann ist es keine Schande, noch einmal höflich nachzufragen und den Namen gegebenenfalls während des Gesprächs ein paar Mal zu wiederholen. Damit leisten Sie bereits die erste Vorarbeit, denn Ihr Gedächtnis gewöhnt sich an den Klang dieses Worts.

2 An was erinnert Sie der Name?

Es gibt ja eine ganze Reihe von Namen, die bereits eine bestimmte Bedeutung haben: Bei „Zink" denken Sie wahrscheinlich automatisch an das Metall, bei „Hofmann" an einen edlen Ritter, bei „Perlebach" an einen Bach voller Perlen und so weiter. Hier fällt es Ihnen sicher leicht, sich bereits während des Gesprächs mithilfe Ihrer Phantasie eine kleine Gedächtnisbrücke zu bauen: Sie verbinden dann das Gedankenbild des Namens entweder mit dem Anliegen der Person (bei einem Telefonanruf) oder mit ihrem Gesicht und Aussehen (beim persönlichen Gespräch).

Übung: Beim Telefonieren Namen einprägen

Nehmen Sie sich fünf Minuten Zeit und kreieren Sie lustige Gedankenbilder, die die Namen der Anrufer mit dem jeweiligen Grund ihres Anrufs verknüpfen.

Wenn Sie möchten, können Sie die Zahlensymbole dazu abspeichern, sodass Sie anschließend auch ohne Notizen noch genau wissen, wie viele Personen in welcher Reihenfolge und mit welchen Anliegen im Laufe des Tages angerufen haben.

1 Herr Schweizer beschwert sich, weil die versprochenen Unterlagen noch nicht angekommen sind.

2 Frau Roth bittet um einen Termin zur Präsentation des neuen Notebooks.

3 Frau Müller ist eine Kollegin, die sich für drei Tage krank melden will.

4 Herr Bergmann möchte eine Bestellung stornieren.

5 Herr Moser will anfragen, ob die ausgeschriebene Stelle in der Qualitätskontrolle schon besetzt wurde.

6 Frau Klein möchte mit ihrem Mann verbunden werden, der in der Forschungsabteilung arbeitet.

7 Herr Stierle interessiert sich für die neue Produktionsstraße in der Fertigung.

8 Frau Heimstatt arbeitet bei der örtlichen Tageszeitung und möchte Ihrer Firma eine Annonce verkaufen.

9 Herr Rose ist der Steuerberater; ihm fehlen wichtige Kontoauszüge des Vormonats.

10 Herr Weißhaar erkundigt sich nach den Öffnungszeiten im Werksverkauf.

Auch wenn Sie nicht wissen, wie diese Personen aussehen, können Sie sich doch ein „Bild" von ihnen machen: Benutzen Sie den **Namen**, der ja schon per se bildhaft ist, und fügen Sie **Anliegen** des jeweiligen Anrufers und das **Zahlensymbol** einfach hinzu.

Beispiel

Unsere Namensbilder

Für den Anfang helfen wir Ihnen noch ein wenig und stellen Ihnen ein paar unserer Ideen vor:

Die **Unterlagen** sind am Grenzübergang von einem **Schweizer** Zöllner über einer **Kerze** feierlich verbrannt worden.

Ein knall**roter Schwan** öffnet sein Gefieder und präsentiert auf seinem Rücken das neueste **Notebook**-Modell.

Frau **Müller** ist in der Mühle auf eine Heugabel (Ersatz für **Dreizack**) gestiegen und kann nun wegen der Verletzung **nicht arbeiten**.

Die weiteren Verknüpfungen gestalten Sie bitte selbst. Überprüfen Sie am nächsten Tag, wie zuverlässig Sie sich noch an die einzelnen Telefonate erinnern können.

3 Erfinden Sie selbst ein passendes Bild zum Namen

Wenn der Name noch kein Bild beinhaltet, liegt es an Ihnen, möglichst schnell eines zu erfinden. Sie können dann den Namen leicht verändern oder sich ein Ersatzwort suchen, das ähnlich klingt, sodass Sie wieder eine Basis für ein Bild erhalten. Bei „Roser" denken Sie beispielsweise an Rosen, bei „Fricker" an Klicker (Murmeln), bei „Mattes" an Gymnastikmatten und so weiter. Mit etwas Phantasie wird Ihnen auch zu schwierigeren Fällen bestimmt etwas einfallen, dann merken Sie sich den Herrn „Wisotzki" eben durch die Frage „Wieso Ski (und nicht Schlitten)?" oder Sie überlegen bei Frau „Mendel", ob sie wohl einen Sohn hat.

Natürlich werden Sie bei all diesen Verknüpfungsbildern den betroffenen Personen nichts von Ihren phantasievollen Vorstellungen erzählen. Wer weiß, ob Herr „Klatzky" den nötigen Humor aufbringt, wenn er erfährt, dass Sie ihn in Gedanken ohne Haarpracht herumlaufen lassen ...

Namen und Gesichter miteinander verbinden

Wir gehen einen Schritt weiter und nehmen die individuellen Gesichtszüge dazu. Hier kommt es nun neben der Phantasie auch auf Ihre genaue Beobachtungsgabe an: Jeder Mensch hat seine ganz persönlichen Merkmale, die es für Sie zu erkennen und in ein Bild umzusetzen gilt.

Übung: Sich Namen und die zugehörigen Gesichter einprägen

Betrachten Sie sich etwa fünf Minuten lang die folgenden Gesichter und denken Sie sich zu jedem Bild eine phantasievolle Verknüpfung mit dem Namen aus. Studieren Sie die jeweiligen Gesichtszüge ganz genau und basteln Sie sich aus den markantesten Merkmalen, die Ihnen auffallen, eine Gedankenbrücke zum Namen.

Können Sie sich die folgenden Gesichter und Namen merken?

Frau Hansen

Herr Damm

Herr Lohmann

Herr Loeb

Herr Schmitz

Frau Rainer

Herr Friedrichs

Frau Kurz

Herr Saeger

Herr Konrad

Herr Mund

Herr Vogel

Frau Krey

Herr Ludwig

Herr Feller

Aus Harry Lorayne: „Wie man ein Super-Gedächtnis entwickelt“.

Beispiel

Vom Gesichtsmerkmal zum Namen

Wir haben zu den ersten drei Gesichtern die folgenden Assoziationen:

Bei Frau Hansen fällt uns die markante Brille auf, durch die sie uns richtig streng „(H)ansehn“ kann.

Herr Damm hat ebenmäßige, harmonische Gesichtszüge; das erinnert uns an einen Bergsee, der friedlich hinter einem Staudamm liegt.

Herr Lohmann schaut sehr kritisch; vielleicht hat er Angst, gleich in ein Loch zu fallen und dann als „Lochmann“ verspottet zu werden?

Sie sehen hier, dass es nicht wichtig ist, möglichst viele typische Merkmale zu finden, sondern es genügt schon ein einziges, wenn es nur anschließend auf möglichst einprägsame Weise mit dem Namen der Person verbunden wird. Das kann im Alltag ein ganz beliebiges körperliches Merkmal sein, Sie sind nicht auf die Gesichtszüge beschränkt. Vielleicht erinnern Sie sich an die besonders großen Hände einer Person oder an ihre kleinen Ohren?

Auch Haltung, Größe oder Haarfarbe sind als „Merk-mal“ geeignet, wenn sie nur auffällig sind bzw. eine einprägsame Assoziation zum Namen anbieten. Sie können sich auch eine immer wiederkehrende, typische Geste merken. Vielleicht fallen Ihnen auch andere äußere Eigenschaften auf: Trug Herr Janeke nicht eine besonders extravagante Jacke, Herr Punti eine witzige Krawatte mit großen Punkten und Frau Kreisel einen Ohrring, der Sie an einen Kinderkreisel erinnert hat?

Und nun überprüfen Sie zum Schluss auf den folgenden Seiten, wie zuverlässig Ihre Verknüpfungen bereits sind.

Wissen Sie die Namen noch?

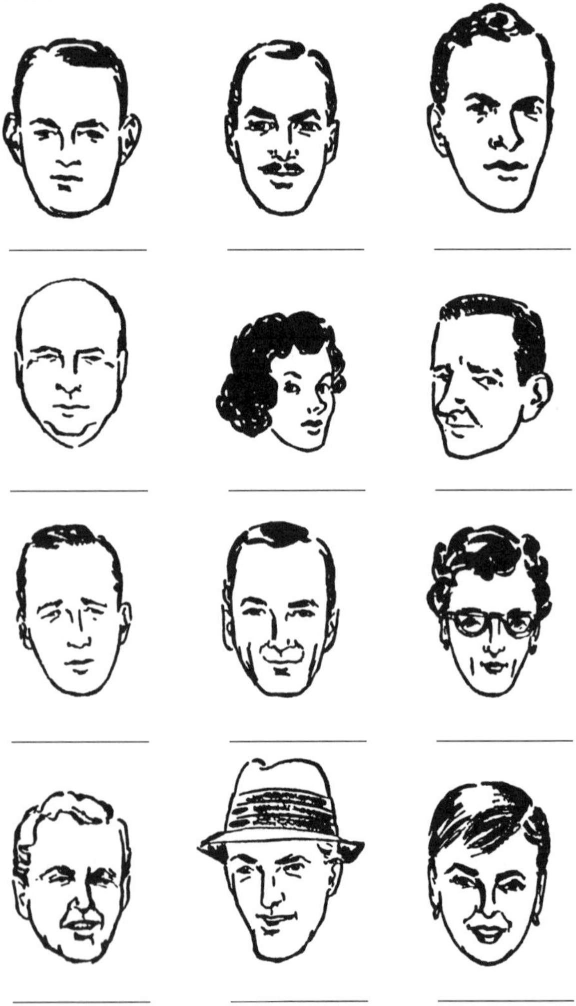

Sicher mit Zahlen und Terminen umgehen

Für das Einprägen von Zahlen, vor allem, wenn sie mehrstellig werden, gibt es noch eine weitere Möglichkeit, wie Sie zum absoluten Gedächtniskünstler avancieren können: Sie ersetzen die Ziffern durch ganz bestimmte Buchstaben. Konkret ergeben sich folgende Zuordnungen:

Das Zahlenalphabet

1 = t oder d	(die 1 hat Ähnlichkeit mit dem kleinen **t**)
2 = n	(das **n** hat zwei Längsstriche)
3 = m	(das **m** hat drei Längsstriche)
4 = r	(„vier" endet mit r)
5 = l	(**L** steht als römische Zahl für 50)
6 = j, ch, sch	(im Klangbild von sechs ist das **ch** vorhanden)
7 = g oder k	(Merksatz: „sieben **K**ühe grasen")

8 = f oder v	(ein kleines **f** kann schnell zur 8 ergänzt werden)
9 = p oder b	(die 9 ist ein seitenverkehrtes **p**)
0 = z, s oder c	(null heißt beim Roulette „Zero“)

Die Buchstaben w – h – y bleiben übrig („why“ = warum weiß keiner), ebenso a – e – i – o – u, die uns als Füllstoff dienen werden.

Übung: Ziffern durch Buchstaben ersetzen

Prägen Sie sich diese Zuordnungen gut ein. Sie sind Voraussetzung für außerordentliche Gedächtnisleistungen im Reich der Zahlen, z. B. bei Bankleitzahlen, Konto- oder Telefonnummern, Code-Ziffern für Homebanking und Ähnlichem. (Wenn Sie sich allerdings längere Zahlen grundsätzlich sowieso aufschreiben oder lieber bei den altvertrauten Bildsymbolen bleiben wollen, dürfen Sie den folgenden Abschnitt überspringen. Lesen Sie dann weiter bei „Vorschlag: Telefonnummer mit Bildsymbolen.“)

So merken Sie sich lange Zahlen und Endloslisten

Mit diesem Zahlen-Buchstaben-System können Sie sich nun besonders gut Zahlenreihen einprägen:

1. Sie zerlegen die Zahl in kleinere Teile zu jeweils drei oder vier Ziffern.
2. Sie ersetzen die Ziffern durch die zugeordneten Buchstaben.

3 Schließlich bilden Sie aus diesen Buchstaben Wörter, indem Sie beliebige Vokale als Füllstoff einfügen.

Beispiel

Eine Bankleitzahl einprägen

Wir zerlegen die fiktive Bankleitzahl 555 900 99 in drei Teile und notieren die benötigten Konsonanten:

l – l – l, b – s – s, b – b

Und nun suchen wir die passenden Wörter dazu, z. B.:

Lalelu, Basis und Baby.

Schnell noch eine Verknüpfung gezaubert:

Ein Schlaflied („**La-le-lu**“) ist die ideale **Basis** dafür, dass das **Baby** bald einschläft …

Und schon haben wir uns die Bankleitzahl sicher eingeprägt.

Übung: Telefonnummer merken

Wagen Sie sich nun selbst daran. Finden Sie ein einprägsames Bild oder einen Satz für die folgende Telefonnummer:

01 39–56 24

Sie können aber genauso gut auf die altvertrauten Symbole für die Zahlen von 1 bis 9 zurückgreifen: Sie ersetzen die Ziffern durch die Symbole und basteln dann daraus eine kleine Geschichte.

Beispiel

Telefonnummer mit Bildsymbolen

Ein **Ball** (der Golfball von der zehn) springt auf die **Kerze** und löscht die Flamme aus, dann hüpft er weiter und landet auf dem **Dreizack,** zischend verliert er seine Luft. Das Zischen lockt eine **Schlange** an, die den Ball samt Dreizack verschlingt. Eine **Hand** packt die Schlange an der Gurgel und schleudert sie in den Urwald, genau einem **Elefanten** auf den Fuß. Der springt vor Schreck in die Luft, wo er mit einem **Schwan** zusammenstößt, der daraufhin abstürzt, aber zum Glück weich landet: auf einem riesengroßen **Kleeblatt** ...

Ziemlich absurde Handlung, finden Sie nicht auch? Aber genau so lässt sie sich auch prima merken, das werden Sie feststellen, wenn Sie diese Nummer nach ein paar Tagen wieder brauchen.

Übung: Noch mehr Zahlen

Versuchen Sie es nun selbst mit den folgenden Zahlen. Sie haben für jede Zahl etwa zwei Minuten Zeit.

07531 – 12345

660 999 60

18 26 741

Dabei bleibt es Ihnen überlassen, ob Sie lieber die Buchstabenersetzung wählen oder die Bildsymbole. Versuchen Sie es ruhig mit beiden Möglichkeiten und finden Sie heraus, welche Ihnen mehr liegt.

■ *Je kreativer Sie in dieser Richtung tätig sind, umso mehr schulen Sie Ihr Gedächtnis und Ihre Phantasie!* ■

Zur Ergänzung noch eine Idee für die erste Variante:

Beispiel

Telefonnummer mit Buchstaben und Phantasiesatz

0	1	3	9	–	5	6	2	4	wird zu
s	t	m	b/p	–	l	ch/sch		n	r

und anschließend lassen wir unsere Phantasie spielen:

„(Das) **SAT-Mob**i**l** (ist) **sch**ö**ner**!" heißt nun unser Merksatz für diese Nummer.

Finden Sie im Laufe der Zeit selbst heraus, welche Variante Ihnen am ehesten zusagt und Ihre Zwecke am besten erfüllt.

Termine souverän erinnern

Wenn Sie sich im letzten Kapitel die Zahlensymbole von 1 bis 20 gründlich eingeprägt haben, werden Sie auch mit Terminen keine Schwierigkeiten erleben: Sie haben ja genügend Bilder zur Verfügung, um sich Daten bis acht Uhr abends spielend einzuprägen (und für alles, was erst danach anfängt, dürfen Sie dann zwei Symbole kombinieren). Sie ersetzen also die Uhrzeit durch das entsprechende Symbol; bei Zeiten, die zwischen den vollen Stunden liegen (z. B. 10.30 h), benutzen Sie einfach beide Symbole, Golf und Spaghetti.

Übung: Den Wochenplan merken

Betrachten Sie den Terminkalender für die kommende Woche und prägen Sie sich die Termine ein. Wenn Sie sich sicherer fühlen, können Sie die Wochentage dadurch auseinanderhalten, dass die Symbole in einer bestimmten Farbe erscheinen: für Montag Rot, für Dienstag Blau, für Mittwoch Gelb und so weiter, ganz wie es Ihnen gefällt. (Legen Sie die Farbverteilung aber vorher klar fest und prägen Sie sich diese gut ein!)

- Am Montag gehen Sie abends zur Massage (19.00 h).
- Am Dienstag kommt ein wichtiger Geschäftspartner zu Ihnen ins Büro (11.00 h)
- und Sie haben am Spätnachmittag einen Kontrolltermin beim Zahnarzt (16.30 h).
- Außerdem ist noch Elternabend im Kindergarten Ihres Jüngsten (20.00 h).
- Am Mittwoch ist die Jahresversammlung der Außendienstmitarbeiter (10.00 h),
- anschließend findet gleich die monatliche Firmenbesprechung statt (14.00 h).
- Wenn Sie rechtzeitig nach Hause kommen, gehen Sie abends noch in den Tanzkurs (21.00 h).
- Am Donnerstag findet eine wichtige Präsentation statt (9.00 h)
- und am Freitag hat Ihre Sekretärin einen Tag Urlaub und steht Ihnen nicht zur Verfügung (von 9.00 h bis 17.00 h!).
- Für den Nachmittag ist noch eine Abteilungssitzung angesetzt (15.00 h) –

und dann haben Sie sich Ihr Wochenende sicherlich verdient!

Zur Sicherheit können Sie diese Termine natürlich auch noch durchnummerieren und mit den Symbolen von 1 bis 10 versehen, dann haben Sie die Gewähr, dass Sie auch wirklich keinen vergessen.

Beispiel

Die Symbole variieren

Verwenden Sie die folgenden Symbole:

Für die Massage einen roten Luftballon, eventuell zusammen mit einer roten Kerze; für den Geschäftspartner blaue Spaghetti (Schwan) und für den Zahnarzt Angel und Geodreieck (Dreizack), ebenfalls in Blau. Als Krönung folgt ein himmelblauer Schlitten, mit dem Sie geradewegs zum Elternabend fahren können (Kleeblatt) usw.

Diese Anregungen können Sie immer weiter ausbauen, Ihrem Eifer sind hier keine Grenzen gesetzt.

Es gibt die verschiedensten Möglichkeiten, sich Daten, Zahlen und Fakten zuverlässig abrufbar einzuprägen. Voraussetzung für alle vorgestellten Varianten ist natürlich, Sie üben so fleißig, dass Sie die Ersetzungen bald im Schlaf beherrschen. Bei konsequentem Üben von einer viertel bis halben Stunde täglich werden Ihnen diese Vorgänge sehr bald in Fleisch und Blut übergehen. Und Sie finden mit Sicherheit auch die für Sie geeignetste Variante heraus, mit der Sie zur persönlichen Gedächtnismeisterschaft gelangen.

Voraussetzungen für geistige Leistungsfähigkeit

Die richtige Balance zwischen Konzentration und Entspannung finden

Das ganze Leben besteht aus Gegensätzen, die einander oftmals zwingend ergänzen. Viele derartige Begriffspaare sind Ihnen sicherlich auf Anhieb geläufig:

- Tag und Nacht
- Mann und Frau
- Schwarz und Weiß
- Beruf und Privatleben
- Einkommen und Ausgaben
- Wille und Gefühl usw.

Jeder Pol hat seinen Gegenpol, der genauso berücksichtigt werden muss. So können Sie auch den Anforderungen, die intensives Gedächtnistraining oder Konzentrationsübungen an Sie stellen, nur dann gerecht werden, wenn Sie gleichzeitig darauf achten, dass Sie auch den nötigen Ausgleich für diese geistige Arbeit schaffen.

Tipps für die nötige Balance

Diese einfachen (aber wirkungsvollen) Ratschläge schaffen wichtige Voraussetzungen für Ihre geistige Leistungsfähigkeit:

- Gönnen Sie sich Ruhepausen.
- Versuchen Sie regelmäßig gezielt zu entspannen.
- Nehmen Sie regelmäßige Mahlzeiten ein.
- Achten Sie auf eine gesunde Ernährung.
- Sorgen Sie für ausreichend Schlaf.
- Gehen Sie regelmäßig an die frische Luft.
- Lassen Sie sich auch in Ihrer Freizeit nicht zu sehr von Terminen vereinnahmen.

Sorgen Sie auch für Körper und Seele!

Wenn Sie Ihre Gedächtnis- und Konzentrationsleistungen steigern wollen, sollten Sie ein harmonisches, ausgeglichenes Leben führen. Gerade Ihr Körper und Ihre Seele dürfen dabei nicht zu kurz kommen. Sobald Sie längere Zeit zu viel arbeiten, kommt es zu deutlichen Stresssymptomen oder dem berüchtigten „Burnout" („Ausgebrannt-Sein"). Leistungsabfall, Müdigkeit oder Konzentrationsschwäche sind die Folgen.

Diesem Ungleichgewicht können Sie erfolgreich vorbeugen, indem Sie mit sich selbst und Ihren Bedürfnissen achtsam umgehen und den geistigen Anforderungen, die an Sie gestellt werden, regelmäßig ausgleichende Elemente entgegensetzen.

Übung: Die Balance für Körper, Geist und Seele fördern

Beobachten und notieren Sie in den nächsten Tagen, was Sie jeweils für Ihren Körper, für Ihren Geist und für Ihre Seele tun. Vielleicht können Sie die Frage leichter beantworten, wenn Sie sie anders formulieren: „Wodurch fordere ich meinen Körper, meinen Geist, meine Seele?"

Überlegen Sie, ob die einzelnen Punkte zueinander im Gleichgewicht stehen, und versuchen Sie, falls nötig, die Balance wieder herzustellen. Nehmen Sie sich genügend Zeit für ausgleichende Elemente wie

- Sport treiben,
- ein schönes Buch lesen,
- spazierengehen,
- sich der Familie widmen,
- schöne Musik hören,
- anregende Gespräche führen usw.

Fordern Sie Ihren Körper!

Es ist erwiesen, dass körperliches Fitnesstraining, selbst schon in kleinen Übungseinheiten, die geistige Leistungsfähigkeit optimal unterstützt. Machen Sie z. B. in der Mittagspause einen flotten Spaziergang und Sie können sich anschließend wieder hervorragend auf Ihre Arbeit konzentrieren.

Auch bei gezielter und intensiverer sportlicher Betätigung wird der Kopf wieder frei von belastenden Gedanken: Indem Sie sich auf die einzelnen Bewegungsabläufe konzentrieren, merken Sie es meistens nicht einmal, dass dabei alle Sorgen und Überlegungen des Alltags für eine Weile in den Hintergrund treten. Und je mehr Sie sich auf die körperliche Leistung konzentrieren, umso schneller steigern Sie gleichzeitig Ihre sportliche Fitness.

Wie Sie gezielt entspannen können

Konzentration und Entspannung sind genauso untrennbar miteinander verbunden wie z. B. Wachen und Schlafen: Die richtige Balance zwischen diesen Polen macht beide in ihrer jeweiligen Ausprägung überhaupt erst möglich.

Wenn Sie regelmäßig entspannen,

- finden Sie einen Ausgleich zu den anstrengenden Anforderungen des Alltags,
- schaffen Sie die notwendigen Voraussetzungen für erneutes konzentriertes Arbeiten.

Wichtig: Zwischendurch bewusst abschalten

Bewusstes Entspannen ist die beste „Seelenpflege", die Sie sich gönnen können. Um erfolgreich zu arbeiten, sollten Sie regelmäßige Ruhepausen einlegen, in denen Sie nichts tun – außer sich wirklich zu entspannen. Zu diesem Zweck können Sie eine der folgenden Methoden praktizieren:

- Atemübungen
- autogenes Training

- Meditation
- (progressive) Muskelentspannung
- Phantasiereisen oder Ähnliches.

Am wichtigsten dabei ist, dass Sie sich mit der ausgewählten Methode wohl fühlen. Für eine kurze, unauffällige Entspannung zwischendurch, z. B. im Büro, können Sie auch einmal eine der beiden folgenden Anregungen ausprobieren:

Übung 1: Zwischendurch entspannen

Reiben Sie mit Ihrer Zungenspitze etwa fünf Minuten lang von innen über die Schneidezähne; anschließend konzentrieren Sie sich auf das Gefühl, das dabei entstanden ist.

Sie werden staunen, welche innere Ruhe sich durch diese kleine, unauffällige Übung gewinnen lässt.

Übung 2: Die „blaue" Stunde

Sie summen in Gedanken den Buchstaben „A" vor sich hin; falls Sie alleine sind, dürfen Sie das natürlich auch hörbar tun. Dabei stellen Sie sich vor, wie die Farbe Himmelblau nach und nach den ganzen Raum erfüllt. Die Farbe erfasst schließlich auch Ihren gesamten Körper und erzeugt ein wohltuendes Gefühl von Ruhe und Geborgenheit.

Dieses Gefühl können Sie noch intensivieren, indem Sie sich vorstellen, wie Sie beim Einatmen die ganze Ruhe des hellblauen Raums in sich aufsaugen.

Wie Sie schnell „umschalten" können

Gerade die Polarität zwischen Beruf und Privatleben ist für die meisten Menschen oftmals schwierig auszubalancieren. Je größer der angestrebte Erfolg im Beruf tatsächlich wird, umso leichter kommt das Privatleben mit allen Werten, Gefühlen und sozialen Beziehungen zu kurz.

So ist es nach einem anstrengenden Arbeitstag besonders wichtig, bewusst „umzuschalten" von Beruf auf Privatleben. Hier kann es sehr hilfreich sein, für eine kurze Zeit alle Gedanken abzuschalten und sich auf NICHTS zu konzentrieren. Ziehen Sie sich dafür nach Möglichkeit für ein paar Minuten völlig zurück.

Übung: Nichts denken

Schließen Sie die Augen und stellen Sie sich vor, Sie betrachten eine weiße Wand. Jeden Gedanken, der sich auch nur ansatzweise bemerkbar macht, lassen Sie sofort davonfliegen. Sie sehen in Ihrer Vorstellung die weiße Wand und denken an gar nichts.

Zu Anfang wird Ihnen das sehr schwer vorkommen, aber mit regelmäßiger Übung ist es tatsächlich möglich, eine solche Gedankenleere zu erreichen und für einen Zeitraum von etwa zehn bis fünfzehn Minuten zu halten. Wenn es Ihnen zunächst gelingt, für zwei bis drei Minuten alle Gedanken loszulassen, dürfen Sie stolz auf sich sein. Und genießen Sie das angenehme Gefühl der Erleichterung, das Sie anschließend haben werden.

Konzentration und Entspannung im Beruf

Jeder, der etwas leisten und erreichen will, wird so viel Zeit wie möglich für seine Aufgabe aufwenden. Gleichzeitig wird inzwischen immer öfter nachgewiesen, dass regelmäßige Entspannungspausen die Leistungsfähigkeit steigern. Ruhepausen werden einerseits dazu genutzt, um sich rein körperlich zu regenerieren, andererseits, um sich auch in Gedanken auf die geforderte Leistung zu konzentrieren.

Wie Sie sich auf wichtige Aufgaben vorbereiten

So bietet es sich z. B. an, sich bei der Vorbereitung einer wichtigen Rede oder Präsentation nicht stundenlang in das Thema zu verbeißen, sondern schon von vornherein regelmäßige Entspannungspausen einzuplanen.

Wissenschaftler haben herausgefunden, dass der optimale Zeitrhythmus so aussieht:

- 90 Minuten konzentrierte Arbeit,
- 15 bis 20 Minuten Entspannung.

Mit dieser Einteilung haben Sie während der Arbeitsphasen erneut Ihre ganze Konzentration zur Verfügung. So verzetteln Sie sich nicht so leicht in Nebensächlichkeiten und lassen sich von Ihrer Arbeit auch nicht so schnell ablenken.

Bewältigen Sie Ihre Aufgabe zuerst „mental"

Sobald Sie Ihre Vorbereitung abgeschlossen haben, sorgen Sie dafür, dass Sie für eine kleine Weile nicht gestört werden, und dann können Sie den Vortrag, oder was immer Sie vorhaben, in Ihrer Phantasie schon einmal vorab erleben.

Sie stellen sich die Situation in allen Einzelheiten vor: Sie sehen sich vor Ihrem inneren Auge an das Rednerpult treten und Kontakt zu Ihrem Publikum aufnehmen. Sie beginnen mit einer interessanten Einleitung und anschließend präsentieren Sie Ihre geplanten Abschnitte souverän und überzeugend, einen nach dem anderen.

Sie sprechen klar und sicher und Sie drücken sich bildhaft und verständlich aus. Da Sie sich die wichtigsten Punkte vorab mithilfe der Zahlensymbole eingeprägt haben, benötigen Sie kaum einen Blick in Ihr Manuskript und Sie vergessen auch keinen wichtigen Aspekt. Ihr Publikum hört Ihnen begeistert zu und Sie erreichen den Zweck Ihrer Rede voll und ganz.

Mit dieser Methode des inneren Voraberlebens bauen Sie Ihre Motivation auf und schaffen sich im Voraus ein Flair von Souveränität und Erfolg.

Mentaltraining im Sport

Viele berühmte Spitzensportler nutzen dieses „mentale Training" inzwischen genauso intensiv wie das körperliche. Sie ziehen sich immer wieder zurück, um sich in Ruhe zu entspannen. Sie versetzen sich dann in ihrer Vorstellung in die

Wettkampfsituation und malen sich in allen Details aus, wie sie anschließend ihre Leistung erbringen werden.

Beispiel

Ein imaginäres Skirennen

Einige Minuten vor Beginn des Rennens entspannt sich die Abfahrtsläuferin mithilfe einer ihr vertrauten Methode und begibt sich in ihrer Phantasie an den Start. Sie konzentriert sich in Gedanken darauf, genau mit dem Startsignal loszuschießen, und in ihrem inneren Film sieht sie sich die Strecke absolut perfekt hinunterfahren. Jede kleinste Kurve fährt sie im optimalen Bogen, so wie sie es tausendmal geübt hat, und zum Schluss sieht sie sich ins Ziel einfahren und alle Zuschauer reißen begeistert die Arme hoch: Sie hat die Bestzeit erreicht!

Gedächtnisblockaden abbauen

Sicherlich haben Sie aus diesem Kapitel einige Hinweise erhalten, woran es liegen kann, wenn Ihre geistigen Fähigkeiten bezüglich Gedächtnis und Konzentrationsvermögen nicht immer vollständig zur Verfügung stehen. Nicht umsonst sprechen wir oft davon, „blockiert" zu sein, etwa wenn uns ein Name trotz noch so langen Nachdenkens nicht einfallen will. Manchmal haben wir sogar über längere Zeit das Gefühl, nur mit halber Kraft an einer Sache zu arbeiten – wir fühlen uns nicht „vollständig auf geistiger Höhe" oder sind einfach erschöpft.

In der folgenden Checkliste finden Sie abschließend eine Reihe von Wegen aufgelistet, die Ihnen helfen können, solche Blockaden zu umgehen oder aufzulösen:

Checkliste: Gedächtnisblockaden abbauen

- Überlegen Sie sich, wie Sie Stressfaktoren, etwa am Arbeitsplatz, abbauen können:
  - Können Sie z. B. bestimmte Aufgaben delegieren?
  - Gibt es bestimmte Stressoren, die Ihre Konzentrationsfähigkeit einschränken (Lärm, „Mitrauchen" usw.)?
- Versuchen Sie durch eine gute Planung Ihrer Aufgaben, Stress von vornherein zu vermeiden.
- Prüfen Sie, ob Sie sich nicht zu viel auf einmal vorgenommen haben.
- Setzen Sie Prioritäten!
- Gestehen Sie sich (und anderen) Fehler zu.
- Setzen Sie sich nicht selbst unter Druck.
- Belohnen Sie sich selbst.
- Motivieren Sie sich immer wieder neu, indem Sie sich z. B. Ihre Erfolge vergegenwärtigen.
- Gehen Sie interessanten Tätigkeiten nach. Überlegen Sie auch, wo Ihre Stärken liegen.
- Versuchen Sie regelmäßig zu entspannen.
- Stellen Sie einen Ausgleich zu ihren geistigen Tätigkeiten her (auf körperlicher und/oder seelischer Ebene).
- Achten Sie nach Möglichkeit auf eine gesunde Lebensweise, insbesondere auf eine ausgewogene Ernährung.

Die Konzentrationsfähigkeit steigern

Die Aufmerksamkeit steuern

Bei den bislang absolvierten Übungen zum Gedächtnistraining haben Sie sicherlich festgestellt, dass Sie am schnellsten erfolgreich sind, wenn Sie sich voll und ganz auf die jeweilige Aufgabe konzentrieren. Je weniger Ihre Gedanken abschweifen, umso besser können Sie sich wichtige Dinge einprägen und umso zuverlässiger werden Sie sich später daran erinnern.

Eine gute Konzentrationsfähigkeit ist die wichtigste Voraussetzung für rasches effektives Arbeiten. Diese Steuerung der Aufmerksamkeit haben Sie bereits intensiv geübt, indem Sie Ihre Konzentration genau auf die Punkte richteten, die Sie sich einprägen wollten.

Übung: Wie gut können Sie sich konzentrieren?

Versuchen Sie einmal fünf Minuten lang Ihre Gedanken zu beobachten. Dabei sollen Sie nicht steuern, an was Sie jeweils denken, sondern lediglich den Weg **verfolgen,** den Ihre Gedankengänge nehmen.

Wenn Sie diese Übung ab und zu wiederholen, werden Sie sich daran gewöhnen, achtsamer mit Ihren Gedanken umzugehen. Außerdem wird es Ihnen schon bald automatisch leichter fallen, Ihre Überlegungen gezielt in eine bestimmte Richtung zu lenken – und das ist die beste Grundlage für eine gute Konzentrationsfähigkeit.

Im Alltag die Konzentration schulen

Im Alltag gibt es Dutzende von Möglichkeiten, die Konzentration zu schulen. Das können die banalsten Routinetätigkeiten sein: Wenn es Ihnen überhaupt schwer fällt, sich auf diese Aufgabe zu konzentrieren, dann nehmen Sie sich vor, sie innerhalb einer bestimmten Zeit und so gut wie möglich zu erledigen. Allein dadurch, dass Sie dann präziser und schneller als sonst arbeiten, werden Sie sich automatisch auch stärker und besser konzentrieren.

Solche alltäglichen Aufgaben sind z. B.:

- einen Brief schreiben
- ein Telefonat führen
- Unterlagen vorbereiten
- eine Besprechung durchführen
- einen Bericht verfassen usw.

Vermeiden Sie Störfaktoren!

Eine weitere wichtige Voraussetzung für das Gelingen der Konzentration ist, dass Sie potenzielle Störfaktoren

- überhaupt einmal als solche erkennen
- und in Zukunft nach Möglichkeit vermeiden.

Übung: Ablenkungen erkennen

Eine einfache Möglichkeit, Störfaktoren zu identifizieren, ist, sich alle Dinge zu notieren, die Sie von Ihrer Arbeit ablenken. Dabei können Sie folgendermaßen vorgehen:

Zum einen können Sie auflisten, welche Dinge Ihnen spontan einfallen, die Sie immer wieder von Ihrer konzentrierten Arbeit abhalten (z. B. das Telefon, die Kollegin, das Bedürfnis nach einer Tasse Kaffee und so weiter).

Zum anderen ist es hilfreich, wenn Sie sich einmal einen Tag lang ganz konkret bei der Arbeit beobachten und dabei immer wieder registrieren, warum Sie eine Aufgabe nicht konsequent und zügig bis zum Ende erledigen (können).

Mit diesen beiden Listen haben Sie eine aussagefähige Zusammenstellung Ihrer persönlichen Störfaktoren. Der nächste Schritt wird dann sein, dass Sie sich überlegen, wie Sie diese (äußeren und inneren) Elemente nacheinander eliminieren oder zumindest abschwächen können.

Beispiel

Störungen ausschalten

Das kann an Ihrem Arbeitsplatz etwa so aussehen:

Während einer wichtigen Arbeit schalten Sie das Telefon zu einer Kollegin um.

Sie genehmigen sich eine tägliche Kaffeepause zu einer festen Uhrzeit und lassen sich nicht spontan von einer Laune oder einem Kollegen dazu bewegen.

Sie nehmen sich ein bestimmtes Pensum vor, das Sie auch in der gegebenen Zeit bewältigen können, usw.

Sie haben bereits erkannt, dass es darum geht, Ihre Konzentrationsenergien zu bündeln und nicht in alle Winde zerstreuen zu lassen. Dazu trägt auch der folgende Aspekt entscheidend bei:

Schaffen Sie Unerledigtes vom Tisch!

Oftmals lassen wir uns dadurch von der Arbeit ablenken, dass im Hintergrund ein Berg unerledigter Dinge wartet: „Eigentlich müsste ich doch viel dringender dies oder das tun." Solche Gedanken hindern uns daran, die Tätigkeit, die wir im Moment verrichten wollen, konzentriert und effektiv zu erledigen. Was hilft?

Übung: Unerledigtes erledigen

Erstellen Sie eine Liste mit allen unerledigten Vorgängen, die Sie in der nächsten Zeit zu Ende bringen wollen. Anschließend nehmen Sie sich für jeden Tag mindestens einen der Punkte dieser Liste vor. Sie werden staunen, wie erfolgreich und schnell sich diese „Konzentrationsstörungen" beheben lassen!

Und wenn Sie wollen, prägen Sie sich diese Liste mithilfe der Zahlensymbole ein und haken im Laufe der Zeit in Ihrem Gedächtnis einen Punkt nach dem anderen als erledigt ab . . .

All die bisher angesprochenen Aspekte lassen sich kurz und prägnant zusammenfassen:

▪ *Der einfachste (und zugleich schwierigste) Weg, Ihre Gedanken zu steuern, ist: Sie tun alles, was Sie tun, mit 100%iger Aufmerksamkeit!* ▪

Setzen Sie sich Ziele!

In dem Moment, wo Sie sich auf etwas konzentrieren, haben Sie automatisch ein Ziel, das Sie mithilfe dieser Konzentration erreichen wollen. Das trifft im beruflichen Bereich genauso zu wie im privaten. Umgekehrt gilt natürlich auch: Wenn Sie ein bestimmtes Ziel erreichen wollen, tun Sie gut daran, Ihre Energien mit der größtmöglichen Konzentration auf dieses Ziel auszurichten: Zielverfolgung und Konzentration gehen sozusagen Hand in Hand.

Der erste Schritt zur Bündelung Ihrer Energien ist also, dass Sie sich klarmachen, was Sie erreichen wollen.

Übung: Was nehmen Sie sich vor?

Investieren Sie ein paar Minuten Zeit und überlegen Sie, was Sie alles im Laufe des (heutigen oder morgigen) Tages unbedingt erledigen wollen oder müssen. Schreiben Sie die einzelnen Punkte auf.

Diese Übung sollten Sie **täglich** machen, denn alleine dadurch, dass Sie darüber nachdenken, wozu Sie Ihre Zeit verwenden wollen, verhindern Sie die Zerstreuung Ihrer Gedankenenergien. Anhand der entstandenen Liste wird es Ihnen auch im Laufe des Tages leichter fallen, sich nicht ablenken zu lassen. Und wenn Sie die Punkte auf Ihrer Liste dann nach und nach erledigen, werden Sie bereits feststellen, dass Sie mit Ihren Energien viel schonender umgehen als zuvor und dass Sie lange nicht mehr so gestresst sind.

So bündeln Sie Ihre Kräfte

Gesammelte Energien können viel mehr leisten als zerstreute Kräfte. Denken Sie z. B. an ein Brennglas, das aus Sonnenstrahlen, die normalerweise sanft und angenehm sind, durch Bündelung ein heißes Feuer entfacht, oder an den Sommerregen, der sich auf dem Dach unmerklich verteilt, in der Rinne dann aber aufgesammelt wird und innerhalb kurzer Zeit die Regentonne füllt.

Genauso sollten Sie Ihre Kräfte sammeln und sich auf das Wesentliche konzentrieren. Dazu müssen Sie wissen, was Ihnen wichtig ist. Normalerweise haben wir meistens mehrere Ziele gleichzeitig, und unsere Energien streben in alle möglichen Richtungen. Es kann sogar vorkommen, dass sich manche Teilziele gegenseitig ausschließen. Deshalb müssen wir klare Prioritäten setzen.

Übung: Prioritäten setzen

Nehmen Sie sich die Liste aus der letzten Übung zur Hand und sortieren Sie die Punkte nach ihrer Wichtigkeit.

Beispiel

Ziele ordnen

Wir zeigen Ihnen anhand der Erledigungsliste von S. 38, wie das aussehen kann. Wir hatten die folgenden Erledigungen:

Den Blumenstrauß für die Sekretärin besorgen, den Vertretertermin verschieben, den Kopierer zur Reparatur bringen, die Konferenzunterlagen mit dem Kollegen absprechen, die Begrüßungsansprache für die Lehrlinge halten, den Betriebsausflug organisieren, den Hausmeister auf die defekte Glühbirne ansprechen, den Personal-Einsatzplan kontrollieren, den Tisch für das Geschäftsessen reservieren lassen und schließlich den Chef um einen Besprechungstermin bitten.

Ihre Prioritätenliste kann nun folgendermaßen aussehen:

1 Die Begrüßungsansprache ist zunächst der wichtigste Punkt, weil es sich hier um einen festgesetzten Termin handelt, an dem noch andere Personen beteiligt sind.

2 Für die Vorbereitung der Konferenzunterlagen verabreden Sie sich mit dem Kollegen nach dieser Ansprache.

3 Den Kopierer werden Sie in der Mittagspause mitnehmen, da können Sie auf dem Rückweg auch noch bequem den Blumenstrauß besorgen.

4 Die Telefonate mit dem Vertreter, dem Hausmeister und dem Restaurant sowie die Kontrolle des Personalplans delegieren Sie an Ihre Sekretärin.

5 Nun brauchen Sie nur noch Ihren Chef wegen des Termins zu fragen und sich beim Reisebüro nach Möglichkeiten für den Betriebsausflug zu erkundigen.

Und schon ist die Liste, die zuvor nach einem Riesenberg Arbeit aussah, auf ein überschaubares Pensum zusammengeschrumpft. Durch diese Konzentration auf die wichtigsten Arbeiten sparen Sie immer wieder viel Zeit und Energien ein.

Merken und Sortieren = Ziele setzen

Hier haben wir ein überzeugendes Beispiel dafür, wie das geschulte Gedächtnis und die Konzentrationsfähigkeit Hand in Hand arbeiten:

- Zunächst funktioniert das Einprägen von wichtigen Punkten natürlich umso besser, je intensiver Sie sich dabei auf Ihre bildhaften Vorstellungen konzentrieren können.
- Im nächsten Schritt sortieren Sie die erinnerten Aufgaben nach ihrer Wichtigkeit und setzen Prioritäten, damit Sie Ihre Konzentrationskräfte nicht unnötig zerstreuen.

- Die so entstandenen Ziele setzen Sie anschließend zügig und konzentriert um.

Diese Umsetzung können Sie noch dadurch unterstützen, dass Sie sich vor Ihrem inneren Auge ein klares **Bild** von dem zu erreichenden Ziel machen. Bei unserem Gedächtnistraining haben Sie ja bereits gelernt, alle möglichen Dinge in lebhafte Phantasiebilder umzusetzen. Diese Fähigkeit ist noch weitreichender und wichtiger als das Gedächtnistraining an sich; sie lässt sich immer wieder vielseitig einsetzen und ist Ihnen auch an dieser Stelle von großem Nutzen.

Kreieren Sie Zielbilder!

Je genauer Sie sich vorstellen können, wie das Ziel aussieht, das Sie erreichen wollen, umso eher können Sie (oder Ihr Unterbewusstsein) die nötigen Schritte unternehmen, die Sie auf Ihrem Weg dorthin voranbringen. Indem Sie sich auch innerlich durch bildhaftes Denken auf ein Ziel einstellen, wecken Sie Ihre „Antennen" für alles, was damit in irgendeiner Form zusammenhängt.

Beispiel

Das neue Auto

Stellen Sie sich vor, Ihr Partner oder Ihre Partnerin möchte sich in Kürze ein neues Auto kaufen und seine oder ihre Wahl ist auf einen knallroten Kleinwagen gefallen. Was meinen Sie, wie viele rote Kleinwagen Sie auf einmal in der Stadt entdecken werden! Das liegt aber nicht daran, dass plötzlich so viel mehr verkauft wurden, sondern es liegt an Ihnen: Sie haben Ihre Wahrnehmung darauf konzentriert, weil Ihnen rote Kleinwagen im Moment aus einem besonderen Grund wichtig sind.

Und genauso gehen Sie vor, was Ihre Ziele betrifft: Sie machen sich ein inneres Bild und richten Ihre Konzentration darauf.

Übung: Zielbilder schaffen

Erstellen Sie eine Liste der Wünsche, die Sie in den nächsten vier Wochen (privat oder beruflich) umsetzen wollen.

Sortieren Sie diese Liste nach der Wichtigkeit und formulieren Sie die drei größten Wünsche als Ziele.

Nehmen Sie sich für jedes Ziel etwa fünf Minuten Zeit, schließen Sie die Augen und malen Sie in Ihrer Phantasie ein Bild. Stellen Sie sich so detailliert wie möglich vor, wie es aussehen wird, wenn Sie dieses Ziel erreicht haben.

Wenn Sie so konzentriert vorgehen, vermeiden Sie auch die Unverbindlichkeit der vagen Wünsche: „Irgendwann werde ich ..." oder „Irgendwann möchte ich ..." sind unbestimmte Vorhaben, aber nicht die nötigen Wegweiser, die Ihnen den Weg zu Ihrem Ziel klar und deutlich aufzeigen. Wenn Sie sich dagegen mit all Ihrer geübten Phantasie vorstellen, wie Sie Ihr Ziel eines Tages erreichen, dann haben Sie den halben Weg bereits hinter sich!

Die Konzentration „sinnlich" intensivieren

Sehen, hören, fühlen

Wie Sie es beim Gedächtnistraining schon praktiziert haben, können Sie Ihre Konzentrationskraft deutlich verstärken, indem Sie sich bewusst mit mehreren Sinnen gleichzeitig konzentrieren.

Beispiel

Vokabeln lernen

Wenn Sie die Wörter einer neuen Sprache lernen, geschieht das oftmals auf mehreren Ebenen parallel:

Sie *hören,* wie die Wörter ausgesprochen werden,

Sie *sehen* im Buch, wie man sie schreibt,

und meistens *schreiben* Sie sie auch selbst noch einmal ab *(„fühlen").*

Durch diese Arbeit auf drei Sinnesebenen (Sehen, Hören, Fühlen) fällt Ihnen das Lernen von neuem Stoff deutlich leichter, weil die verschiedenen Eindrücke ineinander greifen und sich ergänzen. Das nutzen wir auch zur gezielten Schulung der Konzentration.

Übung: Konzentration mit den fünf Sinnen

Stellen Sie sich vor, Sie sitzen am Meeresstrand in der Sonne. Schließen Sie Ihre Augen, und lassen Sie in Ihrem Innern ein Bild entstehen, das Sie mit all Ihren Sinnen ausschmücken:

1 Sehen Sie das blaue Meer, die Schiffe draußen am Horizont, die Wasservögel, die ihre Kreise ziehen.

2 Hören Sie das Plätschern der Wellen, die am Ufer auslaufen, das Kreischen der Vögel, das leise Säuseln des Windes ...

3 Spüren Sie die kühle Brise, die vom Meer her weht und immer wieder über Sie hinwegstreicht, spüren Sie genauso die wärmende Kraft der Sonnenstrahlen, die Sie umfängt. Fühlen Sie auch den körnigen warmen Sand unter Ihren Fingern und den Boden, auf dem Sie sitzen.

4 Riechen Sie den typischen Geruch des Meeres. Welche Gerüche nehmen Sie darüber hinaus noch wahr?

5 Was schmecken Sie? Setzen Sie Ihre Phantasie ein!

Konzentrieren Sie sich zunächst darauf, wirklich nur den einen vorgeschlagenen Sinn zu üben. Das heißt, wenn Sie das Meer vor sich sehen, schalten Sie zunächst die Geräusche aus, wenn Sie den Sand unter den Händen spüren, sehen Sie nicht gleichzeitig aufs Wasser hinaus und so weiter.

Üben Sie die Sinne so lange einzeln, bis es Ihnen gelingt, sich jeweils etwa drei bis vier Minuten lang zu konzentrieren. Erst danach sollten Sie weiter machen und in Ihrer Vorstellung zwei oder mehr Sinne miteinander verbinden.

Übung: Die Sinne kombinieren

Verbinden Sie in beliebiger Kombination zunächst zwei, später drei, vier und schließlich alle fünf Sinneseindrücke in Ihrem Vorstellungsbild zu einem harmonischen Gesamteindruck. Das kann etwa folgendermaßen aussehen:

1 Sehen und hören Sie das Meer.

2 Fühlen Sie Sand und Sonne und riechen (schmecken) Sie gleichzeitig die würzig-salzige Meeresluft.

3 Hören, fühlen und schmecken Sie zunächst, ohne gleichzeitig auch etwas zu sehen, usw.

Wenn Sie schließlich den Eindruck haben, dass Sie mit allen Sinnen gleichmäßig intensiv wahrnehmen, dann fügen Sie sie zu einer einzigen Wahrnehmung zusammen.

Üben Sie regelmäßig!

Sicherlich fällt Ihnen die Konzentration mit manchen Sinnen grundsätzlich leichter als mit anderen. Vor allem Sehen und Hören sind in unserem Alltag am meisten gefordert und entsprechend ausgeprägt. Doch durch beharrliches Üben wird es Ihnen gelingen, Ihre Wahrnehmungsfähigkeit über alle fünf Sinneskanäle in ein ausgewogenes Gleichgewicht zu bringen. Denn je gleichmäßiger Sie bei der Konzentration auf eine Tätigkeit alle Sinne einsetzen können, umso leichter werden Ihre Gedanken bei diesem Thema bleiben.

Mit allen fünf Sinnen durch den Alltag

Viele Tätigkeiten, die im Alltag anfallen, können Sie ebenfalls konzentriert und effektiv erledigen, indem Sie mit mehreren Sinnen daran arbeiten.

Tipps für „sinnliches" Arbeiten:

- Halten Sie wichtige Ideen schriftlich fest (sehen, fühlen)
- oder machen Sie sich eine kleine Skizze (sehen, fühlen).

- Sprechen Sie mit anderen über Ihre Vorstellungen (hören).
- Wie geht es Ihnen, was fühlen Sie, wenn Sie dabei auf Zustimmung oder sogar Kritik stoßen?
- Wie „fühlt" sich diese Idee dann an?
- Und nach wie vor setzen Sie natürlich Ihre fünf Sinne immer dann bewusst ein, wenn Sie sich etwas Wichtiges zuverlässig merken wollen.

Gewöhnen Sie sich an alles, was Sie tun, im Hinblick auf die Sinnesempfindungen zu hinterfragen: Wie sieht „es" aus, hört und fühlt „es" sich an, wie riecht oder schmeckt „es"?

Indem Sie möglichst viele Ihrer Sinne bewusst miteinander kombinieren, werden Sie Ihre Konzentrationsfähigkeit mit der Zeit deutlich erweitern.

Nutzen Sie die Kraft Ihres Unterbewusstseins

Das Arbeiten mit Vorstellungsbildern und sinnlichen Eindrücken spricht die Ebene des Unterbewussten stark an. In Ihren inneren Bildern drückt sich Ihre Phantasie und Kreativität intensiv aus. Gleichzeitig setzt Ihr Unterbewusstsein diese Bilder für sich um und unterstützt Sie auf seine Weise Ihren Zielen näher zu kommen. Sicherlich haben Sie es auch schon einmal erlebt, dass sich in einer wichtigen Frage die Lösung eines Tages wie von selbst auftat, ohne dass Sie gerade in diesem Augenblick damit gerechnet hätten.

Diese Resonanz Ihres Unterbewusstseins können Sie für sich nutzen, indem Sie sich wichtige Vorgänge, Aufgaben oder Ziele in Ihrem Leben so bildhaft wie möglich ausmalen und in dieser Bildhaftigkeit Ihr Unterbewusstsein ganz gezielt ansprechen. Je mehr Sinneskanäle Ihnen dabei zur Verfügung stehen, umso leichter wird es Ihnen fallen, sich mit diesen Themen in phantasievollen inneren Bildern zu befassen.

■ *Je mehr Sie sich auf Ihre fünf Sinne verlassen können, umso souveräner, schneller und besser werden Sie Ihre Ziele erreichen.* ■

Motivation fördert den Erfolg

Bei Themen, die Sie innerlich bewegen oder die aus irgendeinem Grund für Sie von Bedeutung sind, fällt es Ihnen sicherlich sehr leicht, bei der Sache zu bleiben. Hier sind Sie von vornherein so motiviert, dass Sie ganz von alleine auch konzentriert sind. Das bedeutet, dass Ihre positive innere Einstellung eine weitere wichtige Voraussetzung für das Gelingen Ihrer Konzentration ist.

Übung: Was motiviert Sie?

Beobachten Sie einmal über einen längeren Zeitraum hinweg, wo Sie motiviert sind. Bei welchen Tätigkeiten oder Gesprächsthemen bleiben Sie vertieft bei der Sache? Was interessiert Sie? Am besten nehmen Sie sich etwa zwei Wochen lang jeden Abend fünf Minuten Zeit und reflektieren Sie den vergangenen Tag. Notieren Sie alles, was Ihnen in diesem Zusammenhang einfällt!

Vielleicht erkennen Sie ja in der so entstehenden Aufzählung Regelmäßigkeiten, die Sie für sich auswerten können, sei es, dass Sie sich zu einer bestimmten Tageszeit grundsätzlich besser konzentrieren können, sei es, dass Sie bei manchen Tätigkeiten nicht die geringsten Konzentrationsstörungen erleben. Setzen Sie an diesen Punkten an und nutzen Sie die sowieso schon vorhandenen Energien, um hier noch effektiver und besser zu arbeiten.

Gute Laune unterstützt die Konzentration

Sicherlich ist es Ihnen auch schon aufgefallen, dass Sie sich viel besser konzentrieren können, wenn Sie ausgeruht und „gut drauf" sind. Gerade bei größeren Vorhaben ist es besonders wichtig, mit allen verfügbaren Kräften ans Werk zu gehen. Was können Sie nun tun, wenn es Ihnen einmal gar nicht besonders gut geht?

Erinnern Sie sich an frühere Erfolge! Dabei hilft Ihnen die folgende Übung.

Übung: Unbescheiden sein

Erstellen Sie eine Liste mit Tätigkeiten, die Sie in der Vergangenheit Ihrer Meinung nach mit großem Erfolg ausgeführt haben, notieren Sie Ergebnisse, auf die Sie stolz sind. Gehen Sie dabei ohne falsche Bescheidenheit ans Werk; es kommt alleine darauf an, was Sie an sich selbst als erfolgreich einschätzen.

Konzentrieren Sie sich anschließend auf Ihren allergrößten Erfolg:

Schließen Sie die Augen, und stellen Sie sich die Situation mit allen fünf Sinnen noch einmal vor. Sehen, hören, spüren, riechen und schmecken Sie all das, was diese Situation damals ausgemacht hat. Erleben Sie den großen Erfolg in Ihrer Vorstellung noch einmal, so intensiv wie Sie nur können.

Was bewirkt diese Übung?

Bei einer solchen inneren Wiederholung von Erfolgserlebnissen entsteht automatisch die Motivation und die Willenskraft, diese Empfindungen aufs Neue möglich zu machen und zu erleben. Sie nutzen die „good vibrations" der Vergangenheit als Motivationsfaktor, der Ihnen hilft, die jetzt benötigte Motivation und infolge auch die Konzentration aufzubringen.

Stärken stärken

Grundsätzlich ist es einfacher, dort mit dem Üben zu beginnen, wo Sie Ihre Stärken haben: „Stärken stärken schwächt Schwächen." Wenn Sie nun zunächst Ihre vorhandenen Stärken weiter ausbauen, haben Sie deutlichere Erfolge, als wenn Sie an den Schwächen ansetzen; und so manche vermeintliche „Schwäche" können Sie im Laufe der Zeit durch Konzentration auf Ihre positiven Eigenschaften mehr als wettmachen.

Je genauer Sie also wissen, worin Ihre persönlichen Stärken liegen, umso gezielter können Sie sie einsetzen.

Übung: Welches sind Ihre herausragenden Eigenschaften?

Nehmen Sie sich eine Viertelstunde Zeit und überlegen Sie (und notieren Sie!), welches die Eigenschaften sind, von denen Sie in Ihrem Leben bisher am meisten profitiert haben. Können Sie sich vorstellen, diese Stärken in Zukunft noch bewusster und gezielter einzusetzen?

Wenn Sie das nächste Mal vor einer schwierigen Aufgabe stehen, denken Sie an Ihre Stärken. Erinnern Sie sich, wie viele ähnliche Situationen Sie in Ihrem Leben bereits bewältigt haben. Wenn Sie zuversichtlich und im Vertrauen auf Ihre ganz persönlichen inneren Kräfte an eine neue Herausforderung herangehen, wird sich die nötige Konzentration wie von selbst einstellen!

Motiviert sein heißt konzentriert sein

All die Themen, für die Sie in Ihrem Leben stark motiviert sind, ziehen die nötige Konzentration automatisch nach sich. Denn Sie widmen den Aspekten, die Ihnen wichtig sind, von selbst genügend Aufmerksamkeit. Solche Aspekte sind z. B.:

- große Ziele (materieller oder ideeller Art)
- persönliche Lebensthemen (Aus- oder Weiterbildung, innere Entwicklung)
- das soziale Umfeld (Familie und Freunde)
- alles, was Sie innerlich berührt

Aus der inneren Motivation und Aufmerksamkeit für eine aktuelle Aufgabe entsteht die gedanklich-bildhafte Umsetzung.

Erleben Sie in Ihrer Phantasie den angestrebten Erfolg vorweg, und das innere Erleben wird die zur Umsetzung benötigte Konzentration fördern.

Mit Phantasie zu mehr Erfolg

Noch einfacher Probleme lösen

Über das eigentliche Gedächtnistraining hinaus können Sie durch den bewussten Einsatz der Phantasie noch viel mehr bewirken, als sich an Zahlen, Daten und Fakten zu erinnern.

Gedächtnistraining ist eine vielschichtige Grundlage

Die Fähigkeit, lebendige und individuelle Visualisierungen zu kreieren, hilft Ihnen auf den verschiedensten Gebieten in Zukunft noch erfolgreicher zu werden. So entfaltet das Gedächtnistraining eine stärkere Wirkung, sobald es mit anderen Aufgaben verbunden und in unterschiedlichen Lebensbereichen praktisch eingesetzt wird. Das können z. B. folgende Kombinationen sein:

- Gedächtnis und Zeitplanung
- Gedächtnis und Flexibilität
- Gedächtnis und Mitarbeiterführung
- Gedächtnis und Wissen
- Gedächtnis und Lösungs-Findungs-Denken usw.

Machen Sie sich klar, dass sich viele Charaktereigenschaften, die latent in Ihnen schlummern, durch den aktiven Einsatz von Phantasie in jederzeit verfügbare Fähigkeiten verwandeln lassen. Erst wenn Sie Gelerntes praktisch anwenden und phantasievoll in die alltäglichen Abläufe integrieren, kann es seine umfassende Wirkung entfalten.

Zum Beispiel: Gedächtnis und Mitarbeiterführung

Mit einem guten Gedächtnis brauchen Sie vieles, was Ihre Mitarbeiter betrifft, nicht erst mühsam in Ihren Unterlagen nachzuschlagen, sondern Sie haben es abrufbereit im Kopf, z. B. wer in welcher Abteilung arbeitet, wie hoch das Gehalt von Herrn Müller ist, wie viele Überstunden Frau Meier im letzten Monat gemacht hat, wer den praktischen Verbesserungsvorschlag für die Versandabteilung gemacht hat usw.

So können Sie im Gespräch mit Ihren Angestellten oder Mitarbeitern ruhig und spontan reagieren, denn Sie haben die nötigen Daten und Zahlen im Kopf und machen jederzeit einen sicheren Eindruck.

Phantasie fördert die Kreativität

In Ihrer Vorstellung können Sie Informationen zueinander in Beziehung setzen, die ursprünglich gar nichts miteinander zu tun haben. So erkennen Sie immer wieder neue Zusammenhänge und Chancen. Dieser Weg bietet sich z. B. an, wenn es darum geht, eine Lösungsmöglichkeit für ein Problem zu erarbeiten. Lassen Sie auf Ihrer inneren Leinwand einen detaillierten Film ablaufen, in dem die verschiedensten Zusammenhänge aufblitzen und der in allen Details veränderbar ist. Es werden sich oftmals ungewohnte Perspektiven auftun, in denen Sie neue Lösungsansätze erkennen.

Übung: Eine kreative Lösung finden

Stellen Sie sich vor, Sie sollen für Ihren Chef die diesjährige Weihnachtspost an die Stammkunden erledigen und es soll etwas ganz Besonderes sein. Lassen Sie Ihre Phantasie spielen und erfinden Sie mindestens fünf „ver-rückte" Versionen (die Ihr logischer Verstand normalerweise als undurchführbar ablehnen würde).

Beispiel

Die etwas andere Weihnachtspost

Sie schicken den Kunden zusammen mit der Karte einen Gutschein für ein Mittagessen in Ihrer Betriebskantine.

Sie schreiben keine Grüße auf, sondern zeichnen oder stempeln einfach ein paar weihnachtliche Symbole auf das Papier.

Sie suchen sich Karten aus, auf denen ein bunter Sommerblumenstrauß abgebildet ist.

Sie verschicken anstelle der Weihnachtskarten Kinogutscheine, auf denen am Rand ganz klein noch Weihnachtsgrüße geschrieben sind.

Sie schicken keine Karte, sondern lediglich ein Fax und wünschen „Gesegnete Weihnachten", „Frohe Ostern" und „Schöne Ferien" gleichzeitig.

Auch Sie können sich solche kuriosen Möglichkeiten ausdenken, wenn Sie dabei Ihren Verstand einmal völlig beiseite lassen. Trauen Sie sich, steigen Sie ein in die Welt Ihrer Phantasie. Sie werden staunen, welche kreativen Varianten da zum Vorschein kommen. Und vielleicht ist ja die zündende Idee dabei, die sich praktizieren lässt und gleichzeitig etwas ganz Besonderes darstellt.

Das Spitzengedächtnis erreichen

Sie haben nun im Laufe des Buchs festgestellt, dass Sie mit Ihrem phantasievollen Bilderdenken noch viel mehr unternehmen können, als ursprünglich ersichtlich war. Hier kommen wir noch einmal auf das ursprüngliche Gedächtnistraining zurück.

Übung: Erinnern Sie sich an die Symbole?

Zeichnen Sie aus dem Gedächtnis alle zwanzig Symbole auf ein Blatt Papier, ohne im Buch nachzuschlagen.

Falls Sie nicht mehr ganz sicher waren, hilft Ihnen ein einfacher Trick: Kopieren Sie sich die Symbole und hängen Sie sie an einem zentralen Ort auf, z. B. über den Schreibtisch oder neben den Badezimmerspiegel. Je öfter Ihr Blick im Laufe des Tages darauf fällt, umso schneller werden Sie alle Symbole wie im Schlaf beherrschen.

Indem Sie nach wie vor konsequent weiter üben und vor allem im Alltag jede Situation nutzen, können Sie Ihr Gedächtnis bis hin zu wahren Spitzenleistungen trainieren.

1. Stufe: Das Blitzlicht- oder Fotogedächtnis

Für den normalen Alltagsgebrauch reicht es aus, wenn Sie Ihr Gedächtnis zu einem „Fotogedächtnis" entwickeln: Sie schießen in Gedanken ein Foto von der Situation oder Gegebenheit, die Sie sich merken wollen, und dem dazu passenden Zahlensymbol. Diese Technik eignet sich vor allem dann, wenn die Informationen sehr schnell aufeinander folgen, wie etwa bei den Nachrichten.

Je mehr Sie üben, umso mehr Details werden Sie automatisch mit abspeichern; Ihre Bilder werden aussagekräftiger und interessanter.

Übung: Den morgigen Tag planen I

Überlegen Sie, was Sie morgen alles erledigen müssen, und notieren Sie mindestens acht Punkte. Diese prägen Sie sich in lustigen Bildern ein.

> *Bei der Fototechnik reihen Sie eine Serie von statischen Einzelbildern hintereinander. Ihre Abrufbarkeit ist durch die Reihenfolge der Zahlensymbole gewährleistet.*

2. Stufe: Das Movie-Gedächtnis

Hier kommt deutlich Bewegung ins Spiel: Sie lassen in Ihrem Inneren ein Geschehen ablaufen, gestalten in Ihrer Vorstellung eine bestimmte Handlung, drehen sozusagen Ihren eigenen Phantasiefilm.

Durch die Bewegung in Ihrem inneren Film wird eine Verbindung zwischen den einzelnen Symbolen und den damit verknüpften Fakten geschaffen, die das spätere Erinnern noch mehr erleichtert: Jeder Punkt geht schon automatisch aus dem jeweils vorangegangenen hervor, sodass die Geschichte schon fast wie von selbst vor Ihrem inneren Auge abläuft.

Übung: Den morgigen Tag planen II

Nehmen Sie die gleiche Liste wie oben und verbinden Sie Ihre Einzelbilder jetzt zu einer kuriosen, lebendigen Handlungskette.

Auf dieser Stufe sind Sie der Regisseur des Geschehens, der die Szenen von außen gestaltet, ohne selbst einzugreifen. Sie werden feststellen, dass Sie in diesen Bildern und Handlungen viel mehr Informationen gleichzeitig übermitteln können als durch Worte oder Sätze.

3. Stufe: Das „3D-Gedächtnis"

Nun spielen Sie in diesem Film selbst mit. Indem Sie ein Teil der Handlung werden, stehen Sie mitten im Geschehen und erleben alles hautnah von innen, in „3D". Sie dürfen mit allen Möglichkeiten spielen: Sie gestalten Ihren eigenen Film mit all den Ideen, die Ihnen dazu einfallen. Sie erschaffen in Ihrer Phantasie dreidimensionale Universen, in denen alles möglich ist. Sie vergrößern oder verkleinern Ihre Szenen, fügen Farben, Formen, Gestalten hinzu. Auf dieser Stufe kommen auch die Empfindungen der fünf Sinne mit ins Spiel.

Übung: Den morgigen Tag planen III

Sie dürfen jetzt die Geschichte, mit der Sie sich die Punkte Ihrer Liste vorhin eingeprägt haben, noch weiter ausgestalten. Seien Sie mutig: Ändern Sie Raum, Zeit, Umstände, Bewegungen, Farben und Formen. Ihrer Experimentierfreude sind keine Grenzen gesetzt. Nehmen Sie genau wahr, was Sie sehen, hören und erleben, und wie Sie sich jeweils fühlen. Auch hier gilt wieder: Je kurioser Sie diesen inneren Film gestalten, umso mehr Details werden Ihnen im Gedächtnis haften bleiben.

Hier ist der Übergang zur Konzentrationsübung fließend: Indem Sie sich auf diese Phantasiereise konzentrieren, verstärken Sie einerseits die Intensität der Verknüpfungen, sodass Sie noch größere Sicherheit gewinnen, was die Abrufbarkeit der einzelnen Punkte angeht.

Andererseits können Sie, wie im letzten Kapitel beschrieben, solche selbstgestalteten Reisen auch hervorragend dazu nutzen, um Ihre inneren Batterien wieder aufzuladen.

4. Stufe: Noch mehr Tempo

Dass Sie schneller werden, wird sich ganz von selbst ergeben, je regelmäßiger Sie Ihr Gedächtnis trainieren. Sehr gut üben lässt sich die Geschwindigkeit im Abspeichern über die Blitzlichtmethode (S. 47). Schließlich sollten Sie so schnell sein, dass Ihnen eine innere Momentaufnahme (wie mit einem echten Fotoapparat) genügt, damit Sie sich die Situation zuverlässig einprägen.

Die Geschwindigkeit lässt sich dann übertragen auf das Movie- und das 3D-Gedächtnis; doch Sie sollten anfangs darauf achten, dass eine Steigerung des Tempos nicht auf Kosten der im Bild bzw. der Handlung mitgespeicherten Details geht.

Phantasie und Konzentration verbinden

Mit der Verbindung aus Phantasie und Konzentration können Sie sich in Gedanken in jede nur vorstellbare Situation hineinversetzen. Sie werten Ihre Erinnerungen, Erfahrungen und alltäglichen Erlebnisse zielgerichtet aus und nutzen dieses Potenzial für Ihr künftiges Verhalten.

Setzen Sie Ihre Phantasie nicht nur mit dem Ziel ein, schwierige berufliche Aufgaben zu meistern, sondern auch im ganz normalen Alltag. Nutzen Sie Ihre lebendige Vorstellungskraft, die Sie während der Übungen zum Gedächtnistraining so intensiv entwickelt haben, um Ihre geistigen Reserven regelmäßig nachzutanken und immer wieder mit frischen Kräften und neuer Motivation an Ihre Aufgaben zu gehen.

■ *Je intensiver Sie Ihre Phantasie einsetzen (und dafür ist unser Gedächtnistraining das optimale Übungsfeld!), umso spielerischer und effektiver trainieren Sie gleichzeitig Ihre Konzentration.* ■

Erbauen Sie sich eine „innere Tankstelle"!

Ihr Unterbewusstsein macht keinen Unterschied, ob Sie eine Situation in der Realität erleben oder „nur" in der Phantasie. Deshalb können Sie bestimmte Empfindungen mit etwas Geduld wie auf Knopfdruck abrufen. Dieses wissenschaftlich bewiesene Phänomen lässt sich gezielt einsetzen, um innere Kraft- und Motivationsreserven aufzubauen.

Erster Schritt: Kraft aus der Vergangenheit schöpfen

Sie können sich in Gedanken jederzeit in Ihre Vergangenheit versetzen und dank Ihrer Vorstellungskraft jede beliebige Situation von damals, die Sie als angenehm und erfolgreich empfanden, wieder erleben. Indem Sie sich mit allen fünf Sinnen auf das „Flair" dieser vergangenen Momente konzentrieren, entsteht auf der Gefühlsebene derselbe intensive Eindruck von Kraft und Erfolg wie damals.

Übung: Erfolge nachvollziehen

Erstellen Sie eine Liste von mindestens acht Situationen, in denen Sie nach Ihrer eigenen Einschätzung sehr erfolgreich waren. Wählen Sie die wichtigste Situation aus und nehmen Sie sich dann etwa zehn Minuten Zeit. Lassen Sie die Gedanken an den Alltag los und konzentrieren Sie sich auf die damalige Erfolgssituation:

Was haben Sie gesehen, gehört, gerochen oder geschmeckt? Und vor allem: Wie haben Sie sich in dieser Situation gefühlt? Halten Sie die wichtigsten Empfindungen ebenfalls schriftlich fest!

Wenn Sie diese Übung ab und zu wiederholen, wird sich in Ihnen das Gefühl deutlich verstärken, dass Sie das, was Sie sich vornehmen, auch erreichen können – schließlich sind Sie ja früher bereits erfolgreich gewesen.

Zweiter Schritt: Tägliche Kraftspender nutzen

Genauso wie Sie immer wieder aus vergangenen Erlebnissen neue Kraft und Motivation schöpfen, können Sie sich auch einmal genauer ansehen, von was Sie sich jeden Tag tragen lassen: Welches sind Ihre kleinen „Kraftspender" im Alltag? Was motiviert Sie, von was lassen Sie sich inspirieren? Gehen Sie gerne spazieren oder nehmen Sie lieber ein heißes Bad? Hören Sie sich kunstvolle Opernarien an oder ziehen Sie entspannende Yoga-Übungen vor? Tun Sie regelmäßig etwas für sich, um auch im Alltag immer wieder neue Kräfte aufzutanken!

Übung: Was tun Sie für sich?

Finden Sie heraus, wo Ihre persönlichen „Alltagsoasen" liegen oder liegen könnten. Beobachten Sie sich während der nächsten ein oder zwei Wochen und notieren Sie, wie oft und in welcher Form Sie sich bewusst etwas Gutes gönnen.

Falls Sie nach drei Tagen noch nichts entdeckt haben, was Ihre inneren Kraftreserven nachfüllt, dann sorgen Sie dafür, dass Sie sich bewusst und möglichst bald die nötige Zeit dafür nehmen!

Durch solche Übungen wird Ihnen deutlich, womit Sie Ihre inneren Batterien aufladen. Diese Inspirationsquellen können Sie jetzt, wo sie Ihnen bewusst sind, noch viel gezielter einsetzen, um Ihre Energien aufzutanken:

- Sie können den Erholungseffekt direkt verstärken, indem Sie sich während des Schaumbads oder während des Spaziergangs darauf konzentrieren, die angenehmen Empfindungen auf alle fünf Sinne auszuweiten.
- Und Sie können eine solche Situation auch anschließend als Kraftquelle nutzen, indem Sie sich zu einem späteren Zeitpunkt in Ihrer Vorstellung noch einmal hineinbegeben und sie mit allen zugehörigen Empfindungen nachvollziehen.

Dritter Schritt: Sich für künftige Aufgaben stärken

Die selbsterrichtete „innere Tankstelle" hilft Ihnen auch in Zukunft, die alltäglichen Herausforderungen jederzeit konzentriert und erfolgreich zu bestehen. Was stellt denn für Sie eine Herausforderung dar? Wo fühlen Sie sich unsicher? Der eine verliert vielleicht schon allen Mut, wenn er am nächsten Tag einen Termin beim Zahnarzt hat; ein anderer bekommt feuchte Hände, weil er eine Rede vor großem Publikum halten soll.

Übung: Was betrachten Sie als Herausforderung?

Überlegen Sie einmal, wo Ihre persönlichen Schwächen liegen. Notieren Sie mindestens sechs Tätigkeiten oder Ereignisse, die Ihnen sehr unangenehm sind, vor denen Sie vielleicht sogar regelrecht Angst haben. Sortieren Sie diese Punkte nach ihrer Bedeutung. Dann nehmen Sie sich wieder etwa zehn Minuten Zeit, entspannen Sie sich und greifen Sie sich die Situation heraus, die Ihnen am wenigsten angenehm ist (vielleicht ist es sogar ein Ereignis, das Ihnen in Kürze konkret bevorsteht).

Gehen Sie in Ihrer Phantasie in diese Situation hinein. Stellen Sie sich genau vor, wie Sie diesmal mutig, überzeugend und erfolgreich handeln werden. Konzentrieren Sie sich darauf, was Sie dabei fühlen werden: Kraft, Stolz, Souveränität, Erfolg usw. Halten Sie das Gedankenbild Ihres Erfolgs für ein paar Minuten fest.

Wenn diese Herausforderung sehr groß für Sie ist, dann wiederholen Sie diese Übung einige Male in zeitlichen Abständen. Sobald Sie dann die Situation das nächste Mal in der Realität erleben, werden Sie feststellen, dass sie Ihnen längst nicht mehr so unangenehm ist, wie Sie sie anfangs in Erinnerung hatten. Ihr Unterbewusstsein hat sich in der Zwischenzeit daran gewöhnt, anders als zuvor auf diese Herausforderung zu reagieren und souveräner damit umzugehen; Sie haben sich durch Ihre Konzentrationskraft ein deutlich erfolgreicheres Verhalten ermöglicht.

Wie Sie die perfekte Konzentration erreichen

Bei der Schulung Ihrer Konzentrationsfähigkeit geht es zum einen darum, dass Sie lernen, sich im Laufe der Zeit immer länger auf eine bestimmte Aufgabe zu konzentrieren. Zum anderen spielt natürlich auch die Qualität der Konzentration, die Sie an den Tag legen, eine wesentliche Rolle. Grundsätzlich lässt sich feststellen:

■ *Bei allem, was Sie gerne tun, ist die Qualität Ihrer Konzentration automatisch sehr hoch.* ■

Gute Laune und Freude an einer Tätigkeit lassen so manche Anstrengung in den Hintergrund treten. Deshalb sind Sie in Ihrer Freizeit oftmals konzentriert, ohne dass Sie es so bezeichnen würden. Doch wie sieht es mit der Intensität und Qualität Ihrer Konzentration im Alltag aus?

Die folgenden Punkte der Checkliste liefern wichtige Hinweise darauf, wie intensiv Ihre Konzentration gerade ist. Bei der Beantwortung der Fragen wird schnell klar, woran es liegen kann, dass Sie sich nicht optimal konzentrieren können. Im Anschluss geben wir Ihnen daher einige Tipps, was Sie neben unserem Training tun können, damit sich Ihre Konzentrationsfähigkeit entscheidend verbessert.

Checkliste: Welchen „Wert" hat Ihre Konzentration?

1 Sind Sie für Ihre Arbeit ausreichend motiviert? ______

2 Verrichten Sie sie gerne, aus eigenem Antrieb? Oder würden Sie lieber etwas ganz anderes tun? ______

3 Empfinden Sie Ihre Aufgaben als schwierig und anspruchsvoll? ______

4 Haben Sie bei Ihrer Arbeit eher gute oder eher schlechte Laune? ______

5 Wie reagieren Sie, wenn Ihnen etwas nicht gelingt? ______

Was können Sie verbessern?

1 Ein wichtiger Motivationsfaktor kann der finanzielle Anreiz sein. Wenn Sie wissen, dass Sie für einen bestimmten Auftrag viel Geld erhalten, gehen Sie mit einer anderen Einstellung an die Arbeit heran, als wenn sie zu den normalen und schlechter bezahlten Verpflichtungen gehört.

2 In Ihrem Traumberuf konzentrieren Sie sich verständlicherweise sehr viel leichter als in einem ungeliebten Job. Je freiwilliger und überzeugter Sie etwas tun, umso höher ist die Qualität Ihrer Arbeit und natürlich auch Ihrer Konzentration.

3 Für ein wichtiges Verkaufsgespräch oder eine bedeutende Forschungsarbeit benötigen Sie eine intensivere Form der Konzentration als für Gartenpflege oder monotone Verrichtungen am Fließband. Dennoch ist entscheidend, ob Sie selbst Ihre Arbeit als schwierig einschätzen oder nicht. Denn für alles, was Sie sich selbst zutrauen, bringen Sie

die besten Voraussetzungen und die beste Motivation mit und entsprechend können Sie sich auch besser konzentrieren.

4 Mit schlechter Laune fällt es Ihnen bestimmt nicht leicht, sich innerlich auf Ihre Tätigkeit einzustellen; deshalb ist es so wichtig, dass Sie für Ihre Arbeit möglichst optimal motiviert sind (denken Sie auch an Ihre „inneren Tankstellen"!).

5 Wenn Sie auch dann eine positive Einstellung bewahren können, wird Ihre Konzentrationsfähigkeit so leicht nichts beeinflussen.

Die vollendete Konzentration: (Vor)Liebe

Unter all diesen Aspekten ist die optimale Konzentration immer dann gegeben, wenn Sie sich für etwas sehr stark interessieren. Sei es, Sie üben Ihren absoluten Traumberuf aus, sei es, Sie sind in einen Partner verliebt: In einer solchen Situation ist Ihnen keine Anstrengung zu schwierig, kein Einsatz zu hoch. Die optimale Motivation ist gegeben, Sie konzentrieren sich ganz von selbst auf die geliebte Arbeit oder den geliebten Menschen und parallel mit der steigenden Qualität wächst auch die Dauer der Zeit, während der Sie diesen Zustand höchster Konzentration halten können.

▪ *Die höchste Form der Konzentration ist die Liebe.* ▪

Können Sie „nur sitzen"?

Wenn Sie mit einem geliebten Menschen zusammen sind, dann lassen Sie sich wahrscheinlich in Ihrer Aufmerksamkeit nicht so leicht ablenken. Wie sieht es aber aus, wenn Sie an

Ihrem Schreibtisch sitzen? Oder wenn Sie sich wirklich die Zeit für eine kleine Entspannungspause nehmen und abschalten wollen? Gelingt es Ihnen dann ohne weiteres, sich zu konzentrieren?

Übung: Nur dasitzen

Versuchen Sie einmal, eine Minute lang nur zu sitzen und an nichts zu denken. An gar nichts.

Wahrscheinlich werden Ihnen in dieser unvermuteten Ruhe plötzlich zahlreiche Gedanken durch den Kopf schwirren. Lassen Sie sich nach Möglichkeit davon nicht beeinflussen und versuchen Sie Ihre Aufmerksamkeit weiterhin nur auf das Sitzen zu richten.

Die Definition des Zen-Mönchs

Ein Zen-Lehrer wurde einmal von seinen Schülern gefragt, warum er immer so konzentriert wirke. Er antwortete: „Wenn ich stehe, dann stehe ich. Wenn ich gehe, dann gehe ich. Wenn ich esse, dann esse ich. Wenn ich spreche, dann spreche ich ..." Da fielen ihm die Fragesteller ins Wort und sagten: „Das tun wir auch, aber was machst Du noch darüber hinaus?" Er sagte wiederum: „Wenn ich stehe, dann stehe ich. Wenn ich gehe, dann gehe ich. Wenn ich esse, dann esse ich. Wenn ich spreche, dann spreche ich ..." Wieder sagten die Leute: „Das tun wir doch auch!" Er aber sagte zu ihnen: „Nein. Wenn Ihr sitzt, dann steht Ihr schon; wenn Ihr steht, dann lauft Ihr schon; wenn Ihr lauft, dann seid Ihr schon am Ziel ..."

Diese hohe Stufe der Konzentration können Sie in vielen konkreten Alltagssituationen und Zusammenhängen genauso intensiv üben wie in Ihrer Phantasie.

Sich auf die eigene Zukunft konzentrieren

Durch den Einsatz Ihrer Phantasie wird es Ihnen gelingen, Ihre großen Ziele im Leben schneller und sicherer zu erreichen. Doch bevor Sie damit beginnen, sollten Sie sich erst einmal klarmachen, welches Ihre größten und wichtigsten Pläne sind.

Übung: Lebensziele definieren

Überlegen Sie einmal, welches in der kommenden Zeit Ihre wichtigsten Ziele sind. Beziehen Sie ruhig die nächsten zwei oder drei Jahre in Ihre Gedanken ein. Notieren Sie dann diese Punkte in der Reihenfolge ihrer Wichtigkeit.

Anschließend nehmen Sie sich genügend Zeit (etwa zehn bis 15 Minuten) und entspannen Sie sich, sodass die Alltagsgedanken Sie nicht mehr belasten. Begeben Sie sich dann in Ihrer Phantasie in eine Situation hinein, in der Sie das wichtigste Ihrer Ziele bereits erreicht haben.

1. Sehen Sie sich selbst genau vor sich und sehen Sie auch, wie die gesamte gewünschte Situation im Idealfall aussieht. Gibt es da Farben, Formen, bestimmte Gegenstände zu sehen?
2. Was gibt es zu hören? Welche Töne oder Äußerungen sind mit Ihrem Ziel verbunden?

3 Was fühlen Sie, wenn das Ziel erreicht ist? Wie geht es Ihnen jetzt damit? Welche Empfindungen sind vorherrschend?

4 Gibt es auch etwas zu riechen oder zu schmecken? Wenn ja: An was erinnert Sie das? Passen der Geruch und der Geschmack zu Ihrem Ziel?

Indem Sie wichtige Vorhaben auf diese Weise visionär durchspielen, gelangen Sie früher oder später auch zu der Überlegung, was Sie im Einzelfall konkret tun können, um eben dieses Ziel auch tatsächlich zu erreichen. Sie spielen die einzelnen Möglichkeiten in Gedanken durch und in Ihren inneren Filmen sehen Sie die Zukunft und Ihren Weg dorthin plastisch und in allen Einzelheiten vor sich. Durch die bewusste Konzentration auf Ihre wichtigen Ziele ziehen Sie deren Verwirklichung regelrecht an.

So vertiefen Sie Ihre Konzentration

Intensive Konzentration, wie wir sie besonders auf solchen inneren Phantasiereisen praktizieren, grenzt oft an einen Zustand, den wir als Meditation bezeichnen könnten. Das Phänomen kennen Sie sicherlich auch aus eigener Erfahrung: Wenn Sie sich intensiv auf eine bestimmte Tätigkeit konzentrieren, kann es vorkommen, dass Sie alles um sich herum vergessen und so vertieft sind, dass Sie gar nichts mehr wahrnehmen außer Ihrer derzeitigen Beschäftigung. Das Körperbewusstsein tritt in den Hintergrund und die natürlichen Bedürfnisse wie Hunger, Durst oder Müdigkeit sind eine Zeitlang überhaupt nicht mehr wichtig.

Genau diesen Mechanismus nutzen die bekannten Entspannungsmethoden. Durch die gezielt herbeigeführte Entspannung des Körpers hat es der Geist umso leichter, sich zu konzentrieren, und die Phantasie kann sich frei entfalten.

Pflegen Sie solche Phasen innerer Ruhe ganz bewusst und regelmäßig, gönnen Sie sich diesen Luxus ab und zu, für einen kurzen Zeitraum niemandem verpflichtet zu sein außer sich selbst. In solchen Ruhepausen vom Alltag können Sie

- den notwendigen Ausgleich zu den Anspannungen des Alltags pflegen,
- erkennen, welches Ihre tiefsten inneren Bedürfnisse sind,
- neue Ansätze für Ihr geistiges Bewusstsein finden,
- die unausgeglichenen Bereiche in Ihrem Leben miteinander ausbalancieren,
- Ihre inneren Motivationsreserven aufladen,
- sich Ihre großen Lebensziele bewusst machen und in Ihrer Phantasie die notwendigen Schritte ausprobieren, um diese Ziele zu erreichen.

Machen Sie weiter!

„Jedes Stehenbleiben ist ein Rückschritt", sagte der berühmte Philosoph Descartes. Deshalb bleiben Sie am Ball: Mit Ihrer lebhaft-plastischen Vorstellungskraft können Sie sowohl Ihre Gedächtnisleistungen als auch Ihre Konzentration immer noch ein klein wenig mehr steigern:

Es gibt keine Grenzen!

Anhang

Einfache Konzentrationsübungen

Wenn Sie über die Übungen dieses Ratgebers hinaus etwas für Ihre Konzentration tun möchten, empfehlen wir Ihnen Aufgaben, wie sie in anspruchsvolleren Kreuzworträtselheften angeboten werden, z. B. die folgenden:

1. Filtern Sie aus einem Buchstabenquadrat oder einer Reihe von Großbuchstaben möglichst viele Namen (oder andere Begriffe) in möglichst kurzer Zeit heraus:

   ABHPETERHUTNINGEKIJDSGWTTKURTDÖHOTGAOOTOGA
   BIFGRIUWEÖJMXVDEFELIXHWOTÖSINAJEZ

2. Nehmen Sie sich eine Buchseite oder einen Zeitungsartikel und streichen Sie (z. B. mit einem Leuchtstift) möglichst schnell bestimmte Buchstabenkombinationen an, z. B. „and", „ine", „ben" usw.

3. Lesen Sie einen beliebigen Text laut vor – aber rückwärts! Sad tsi rag thcin os rewhcs, eiw se tshcänuz theissua.

4. Jegliche Art von Kreuzwort- oder Zahlenrätseln eignet sich natürlich auch dazu, das Gedächtnis und die Konzentrationsfähigkeit zu schulen. Machen Sie solche Übungen zusammen mit einem Partner und lernen Sie gemeinsam!

Für weitere Übungen verweisen wir auf die Literaturliste.

Literatur

Birkenbihl, Vera F.: Stroh im Kopf? Speyer 2004

Buzan, Tony: Nichts vergessen! München 2000

Geisselhart, Roland R./Burkart, Christiane: Werden Sie ein Genie! Zürich 1997

Geisselhart, Roland R./Burkart, Christiane: Gedächtnis ohne Grenzen. Zürich 2002

Geisselhart, Roland R./Burkart, Christiane: Gedächtnis-Power. Offenbach 1999

Geisselhart, Roland R./Burkart, Christiane: Konzentrations-Power. Offenbach 2002

Geisselhart, Roland R./C. Hofmann-Burkart: Stress ade. DIe besten Entspannungstechniken. Planegg 2005

Geisselhart, Roland R./Zerbst, Marion: Das perfekte Gedächtnis. Zürich 1995

Lorayne, Harry, Jerry Lucas: The Memory Book. Ballantine Books. 1996

Stichwortverzeichnis

Für Ihre Notizen